气象保障长江经济带发展战略研究

崔讲学 郑治斌 姜海如 主编

内容简介

推动长江经济带发展是党中央作出的重大决策,是关系国家发展全局的重大战略,对气象保障能力提出了新的更高要求。本书概述了长江经济带经济社会发展和国家发展战略布局,分析了长江经济带气候条件与气象灾害和交通、水资源、生态现状,分析研究了长江经济带气象保障现状、能力需求进展以及存在问题和原因,并建设性地提出了构建长江经济带气象保障体系的思路和建议,为气象保障长江经济带发展提供决策支撑。

本书可供气象、水利、应急管理、自然资源、生态环境、交通等部门和行业的管理、科技人员阅读参考。

图书在版编目(CIP)数据

气象保障长江经济带发展战略研究 / 崔讲学,郑治斌,姜海如主编. — 北京:气象出版社,2020.8
ISBN 978-7-5029-7263-9

Ⅰ. ①气… Ⅱ. ①崔… ②郑… ③姜… Ⅲ. ①长江经济带-区域经济发展-气象服务-研究 Ⅳ. ①F127.5 ②P451

中国版本图书馆 CIP 数据核字(2020)第 157899 号

气象保障长江经济带发展战略研究
Qixiang Baozhang Changjiang Jingjidai Fazhan Zhanlüe Yanjiu

出版发行:气象出版社

地　　址:北京市海淀区中关村南大街46号	邮政编码:	100081
电　　话:010-68407112(总编室)　010-68408042(发行部)		
网　　址:http://www.qxcbs.com	E-mail:	qxcbs@cma.gov.cn
责任编辑:王　迪	终　　审:	吴晓鹏
责任校对:张硕杰	责任技编:	赵相宁
封面设计:北京时创广告传媒有限公司		
印　　刷:北京中石油彩色印刷有限责任公司		
开　　本:710 mm×1000 mm　1/16	印　　张:	10
字　　数:200 千字	彩　　插:	2
版　　次:2020 年 8 月第 1 版	印　　次:	2020 年 8 月第 1 次印刷
定　　价:50.00 元		

本书如存在文字不清、漏印以及缺页、倒页、脱页等,请与本社发行部联系调换

《气象保障长江经济带发展战略研究》
编委会

主　编：崔讲学　郑治斌　姜海如

成　员：张洪广　顾骏强　彭莹辉　周国兵　崔新强

　　　　田　刚　陆　铭　苏　磊　王淞秋　王海燕

统　稿：郑治斌　姜海如

前 言

长江经济带横贯我国东西,地形起伏变化巨大,西有云贵高原深入中华腹地,东有江淮平原滨临东海、黄海,气象灾害及次生灾害频发、多发,对长江经济带各省(市)造成较大的经济损失和影响。为服务长江经济带发展新格局和主要任务,需要采取切实可行的举措,强化气象保障能力,充分发挥气象保障在长江经济带经济社会发展中的基础性、科技型作用。

为贯彻落实国家《长江经济带发展规划纲要》,2016 年中国气象局下达了重大软科学研究课题《长江经济带气象保障行动计划研究》,由崔讲学、张洪广主持,主要研究人员为姜海如、顾骏强、彭莹辉、郑治斌、周国兵、崔新强、田刚、陆铭、苏磊、王淞秋、王海燕等。课题研究成果通过了结题验收,并提供了咨询报告为决策机构参考,有些内容还直接被有关部门制定的规划和行动方案采纳。为使研究成果在更大范围得到推广应用,更好地发挥效益,本书对课题研究成果进行了系统整理,在忠实于课题研究成果的基础上,并根据新的发展形势和情况,编者进行了适当的调整和删减,更新和补充了新的内容。

本书在编写过程中参阅了大量文献资料,大部分引文在参考文献中做了标注。本书出版得到湖北省气象学会、气象出版社的大力支持,在此一并致谢。

本书编者虽然倾注了许多精力,但因长江经济带气象保障能力建设涉及面广,一些研究还不够深入,一些研究成果尚存在较大的不确定性,还需要在实践中不断丰富和完善,且囿于编者的学识水平,书中难免有不当之处,恳请读者、专家和同仁指导赐教。

编者

2020 年 4 月

目 录

前言

第1章 长江经济带经济社会发展概述 (1)
  1.1 长江经济带缘起及其战略定位 (1)
  1.2 长江经济带自然概况 (4)
  1.3 长江经济带城市与经济状况 (6)

第2章 长江经济带国家发展战略布局 (9)
  2.1 提升长江黄金水道功能 (9)
  2.2 建设综合立体交通走廊 (11)
  2.3 全面推进新型城镇化 (17)
  2.4 培育全方位对外开放新优势 (20)

第3章 长江经济带气候条件分析 (22)
  3.1 气候概况 (22)
  3.2 气候资源 (28)
  3.3 气象灾害 (32)

第4章 长江经济带气象高影响行业现状 (46)
  4.1 交通现状 (46)
  4.2 水资源现状 (69)
  4.3 生态现状 (74)

第5章 长江经济带气象保障进展 (79)
  5.1 长江经济带气象保障现状 (79)
  5.2 长江经济带气象保障能力建设进展 (92)

第6章 长江经济带气象保障需求与问题分析 (121)
  6.1 需求分析 (121)
  6.2 存在的主要问题与原因分析 (128)

第7章 构建长江经济带气象保障体系的思路与建议 (134)
  7.1 构建长江经济带气象保障体系主要思路 (134)
  7.2 构建长江经济带气象保障体系主要建议 (136)

参考文献 (148)

第1章 长江经济带经济社会发展概述

建设长江经济带是推动我国区域协调发展、促进小康社会全面建成、保障中国经济持续健康发展、实现"中国梦"的重大战略抉择。特别是国家《长江经济带发展规划纲要》,体现了推动长江经济带发展必须走生态优先、绿色发展之路,涉及长江的一切经济活动都要以不破坏生态环境为前提,共抓大保护、不搞大开发,共同努力把长江经济带建成生态更优美、交通更顺畅、经济更协调、市场更统一、机制更科学的黄金经济带,从而对气象保障能力提出了新的更高要求。

1.1 长江经济带缘起及其战略定位

1.1.1 长江经济带缘起

长江经济带成为国家发展战略,历经了一个长期的思想酝酿过程。20世纪20年代,孙中山在《实业计划》(该书部分内容于1918年单独发表,1920年全书英文本出版,1921年全书中文本出版)一书中最早从振兴中国实业的战略高度,系统阐述了长江流域经济开发问题。新中国成立后,中央政府高度重视长江流域的水利建设、防洪防灾、交通运输事业发展,但直到改革开放后,才有专家提出长江经济带发展战略问题。

长江经济带首次正式纳入国家发展战略实践始于20世纪90年代。随着浦东开发、三峡工程建设等重大决策的相继实施,国家提出发展"长江三角洲及长江沿江地区经济"战略构想。1996年颁布的《中华人民共和国国民经济和社会发展"九五"计划和2010年远景目标纲要》强调,长江三角洲及沿江地区要"以浦东开放开发、三峡建设为契机,依托沿江大中城市,逐步形成一条贯穿东西、连接南北的综合经济带"。上述"长江三角洲和沿江地区"概念的地域范围,包括现在的江苏、浙江、安徽、江西、湖北、湖南、四川、上海和重庆7省2市。

长江经济带再次纳入国家发展战略的契机是《全国主体功能区规划》。2010年12月21日国务院颁布实施《全国主体功能区规划——构建高效、协调、可持续的国土空间开发格局》,强调了长江流域地区在国土空间开发格局中的重要地位。主要体现在:沿长江通道是"两横(陆桥通道、沿长江通道)三纵(沿海、京哈京广、包昆通道)"城市化战略格局的重要轴;长江流域农业主产区是"七区二十三带"农业战略格局中的重要农业生产区;青藏高原生态屏障、黄土高原—川滇生态屏障是"两屏三带"生态安全战略格局中的重要生态屏障;长江三角洲地区是国家层面的三大优化开发区域之一,江淮地区、长江中游地区(含武汉城市圈、环长株潭城市群、鄱阳湖生态经济区)、成渝地区、黔中地区、滇中地区名列国家层面的18个重点开发区域之中。

党的十八大召开后,长江经济带正式定位为国家重点发展战略区域。2013年7月,习近平总书记视察湖北,强调"长江流域要加强合作,发挥内河航运作用,努力把全流域打造成黄金水道"。同年9月,国家发改委会同交通部启动《依托长江建设中国经济新支撑带指导意见》研究起草,12月,将长江经济带地域范围扩展为云南、贵州、四川、重庆、湖北、湖南、安徽、江西、江苏、浙江、上海9省2市。

2014年在《政府工作报告》中提出了"把培育新的区域经济带作为推动发展的战略支撑""依托黄金水道,建设长江经济带"。随后,李克强总理在重庆召开了长江经济带11省(市)座谈会,专题研究部署依托黄金水道建设长江经济带问题。

2014年12月,习近平总书记作出重要批示,强调长江通道是我国国土空间开发最重要的东西轴线,在区域发展总体格局中具有重要战略地位,建设长江经济带要坚持一盘棋思想,理顺体制机制,加强统筹协调,更好发挥长江黄金水道作用,为全国统筹发展提供新的支撑。

2016年1月,习近平总书记在重庆召开推动长江经济带发展座谈会并发表重要讲话,全面深刻阐述了长江经济带发展战略的重大意义、推进思路和重点任务(新华社,2016a)。

2016年9月,《长江经济带发展规划纲要》(以下简称《规划纲要》)正式印发,《规划纲要》围绕"生态优先、绿色发展"的基本思路,确立了长江经济带"一轴、两翼、三极、多点"的发展新格局。同时,提出了多项主要任务,具体包括保护和修复长江生态环境、建设综合立体交通走廊、创新驱动产业转型、新型城镇化、构建东西双向、海陆统筹的对外开放新格局等(新华社,2016b)。

2018年4月,习近平总书记在武汉主持召开深入推动长江经济带发展座谈会并发表重要讲话,明确提出了推动长江经济带发展需要正确把握的5个关系,即正确把握整体推进和重点突破的关系,全面做好长江生态环境保护修复工作;正确把握生态环境保护和经济发展的关系,探索协同推进生态优先和绿色发展新路子;正确把握总体谋划和久久为功的关系,坚定不移将一张蓝图干到底;正确把握破除旧动能和培育新动能的关系,推动长江经济带建设现代化经济体系;正确把握自身发展和协同发展的关系,努力将长江经济带打造成为有机融合的高效经济体(新华社,2018)。

1.1.2 长江经济带战略定位与战略优势

20世纪90年代,长江经济带第一次纳入国家发展战略的侧重点是从流域经济发展的战略高度,强调以浦东开放开发、三峡建设为契机,发挥上海的辐射带动作用,依托沿江中心城市建设长江经济带,并未形成长江流域整体性的国家发展战略。

长江经济带再次上升为国家发展战略的侧重点,是从打造中国经济升级版的战略高度,"谋划区域发展新棋局",强调"由东向西、由沿海向内地,沿大江大河和陆路交通干线",推进中国东部沿海地区—内陆地区梯度发展。此次长江经济带国家发展战略,将重塑中国经济发展战略格局,长江经济带将成为打造中国经济升级版、经济社会转型发展的重要支撑带,成为推动东、中、西三大地带协调发展、推进全面小康社会建设、推动新型城镇化发展的重要支撑带,成为完善中国区域开放格局和综合交通运输体系的重要支撑带。

长江经济带建设瞄准4个目标:具有全球影响力的内河经济带、东中西互动合作的协调发展带、沿海沿江沿边全面推进的对内对外开放带、生态文明建设的先行示范带。重点推进提升长江黄金水道功能、建设综合立体交通走廊、创新驱动促进产业转型升级、全面促进新型城镇化、培育全方位对外开放新优势、建设绿色生态廊道、创新区域协调发展体制机制等方面工作。

打造长江经济带的国家战略意图,一是依托长三角城市群、长江中游城市群、成渝城市群;二是做大上海、武汉、重庆三大航运中心;三是推进长江中上游腹地开发;四是促进"两头"开发开放,即上海及中巴(巴基斯坦)、中印缅经济走廊。

长江经济带发展在区位、自然资源、人力资源、产业和城市群方面具有独特优势。

(1)区位优势。该区域既连接东、中、西部三大地带,又与京沪、京九、京广、皖赣、焦柳等干线交汇,承东启西、接南济北、通江达海,有"九省通衢"之称。

(2)资源优势。该区域具有极其丰沛的淡水资源,拥有类多量大的矿产资源,还拥有众多旅游资源和丰富的农业生物资源,具有巨大的开发潜力。

(3)产业优势。该区域为我国最重要的工业走廊之一,汇聚钢铁、汽车、电子、石化等一系列现代工业企业。此外,大农业的基础地位也居全国首位,沿江9省(市)的粮棉油产量占全国40%以上。

(4)人力资源优势。长江流域是中华民族的文化摇篮之一,人才荟萃,科教事业发达,技术与管理先进。

(5)城市集群优势。1995年沿江9省(市)共拥有大、中、小城市216个,占全国城市数量的33.8%;城市化水平约为50%;城市密度为全国平均密度的2.16倍。

1.2 长江经济带自然概况

1.2.1 自然地理

长江发源于青藏高原,自西向东流过了横断山脉、云贵高原,四川盆地和长江中下游平原(图 1.1)。长江干流全长约 6300 千米,流经青海、西藏、四川、云南、重庆、湖北、湖南、江西、安徽、江苏、上海 11 个省(区、市),流域面积 180 万平方千米,约占全国总面积的五分之一。

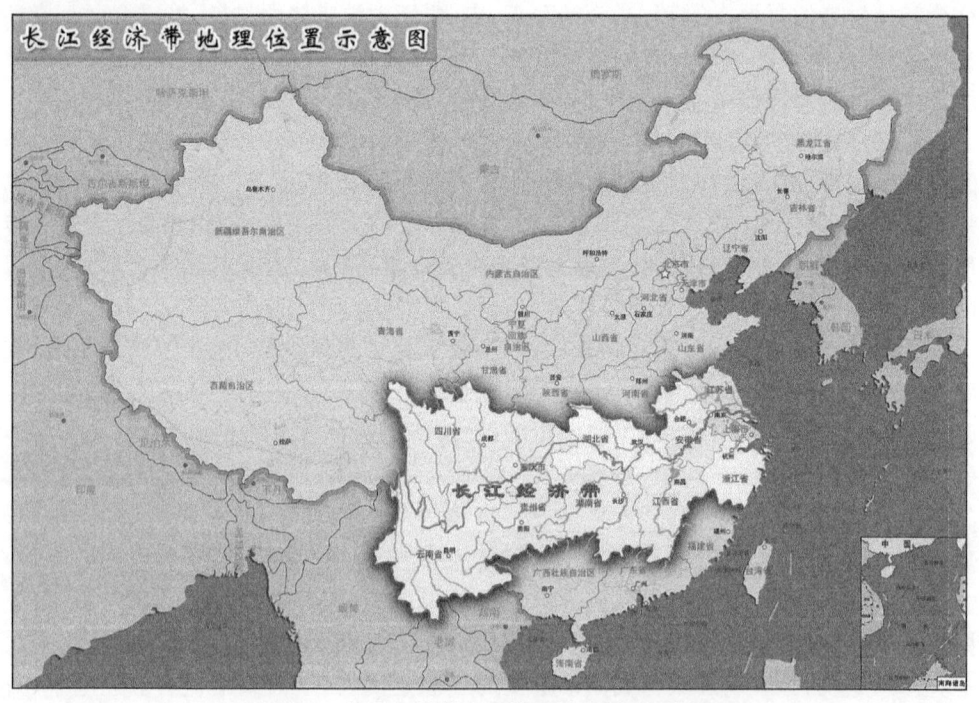

图 1.1 长江经济带地理位置示意图(见彩插)
(来源:中国政府网,2018)

长江干流分上游、中游、下游三段,源头至湖北省宜昌市三峡出口的南津关为上游,长 4512 千米,占长江总长度的 70.9%,流域面积 100 万平方千米;宜昌南津关至江西湖口为中游,长 955 千米,占长江总长度的 15%,流域面积 68 万平方千米;湖口以下至长江入海口为下游,长 896 千米,占长江总长度的 14.1%,流域面积 12 万平方千米。

长江经济带与长江流域大部区域重合,总体位于北纬 24°~35°、东经 90°~122°,西部(源头)离海洋较远,东部邻近海洋。长江上游处于第一、二阶梯,地势高,落差大,水能丰富;长江中游和下游位于第三阶梯,地势低平。长江中下游土地肥沃,植被覆盖率和水土保持能力较强。长江流域在上游青藏高原地区为高原山地气候,其余则为亚热带季风气候。长江流域水文主要特征是夏汛时间较长、水流量大、无结冰期、阶梯交界处水能丰富。

1.2.2 自然资源

(1)水资源。长江是中国水量最丰富的河流,水资源总量1.19万亿立方米,约占全国河流径流总量的36%,为黄河的20倍。在世界仅次于赤道雨林地带的亚马孙河和刚果河(扎伊尔河),居第三位。与长江流域所处纬度带相似的南美洲巴拉那—拉普拉塔河、北美洲的密西西比河,流域面积虽然都超过长江,但水资源量却远少于长江,前者水资源量约为长江的70%,后者约为长江的60%。长江因其资源丰富,支流和湖泊众多,它横贯哺育着华夏的南国大地,形成了我国承东启西的现代重要经济纽带。

(2)生物资源。在长江流域,林木蓄积量占全国的1/4,主要林区分布在川西、滇北、鄂西、湘西和江西等地,用材林仅次于东北林区,其中经济林则居全国首位,以油桐、漆树、柑桔、竹林等最为著称。国家重点保护的野生动植物群落、物种和数量在中国七大流域中多占首位。流域内已建立了约100处多保护目标的自然保护区,最著名的保护区位于湖北神农架。古老珍稀的孑遗植物如水杉、银杉、珙桐;硕果仅存的珍禽异兽,如大熊猫、金丝猴、白鳍豚、扬子鳄、朱鹮等驰名中外,多属长江流域特有。

(3)矿产资源。在全国已探明的130种矿产中,长江流域有110余种,占全国的80%。各类矿产中储量80%以上的有钒、钛、汞、磷、萤石、芒硝、石棉等;占50%以上的有铜、钨、锑、铋、锰、高岭土、天然气等。全国11个大型锰矿、8大铜矿,长江流域分别占有5处、3处;湖南、江西的钨矿,湖南的锑矿,湖北的磷矿,均居全国之首。流域内煤矿储量少,仅占全国的7.7%,主要集中于黔、川、滇3省,其中黔北六盘水煤矿居全国第3位。

(4)旅游资源。长江流域幅员广大,历史悠久,景观纷呈,旅游资源富甲全国。既有岳阳、昆明、贵阳、成都、重庆、南京、扬州、镇江、苏州、宜昌、武汉、上海、杭州、安庆、南昌、长沙、无锡等历史文化名城,又有风景名胜峨眉山、九寨沟、三峡、张家界、武当山、九华山、黄山、庐山、太湖、巢湖、洞庭湖、鄱阳湖等自然风光游览胜地。

(5)农业资源。长江流域大部分地处亚热带季风区,气候温暖湿润,四季分明,年积温高,农作物生长期长,许多地区雨热同季,农业生产的光、热、水、土条件优越。流域有耕地2460多万公顷,占全国耕地总面积的1/4,而农业生产值占全国农业总产值的40%,粮食产量也占全国的40%,其中水稻产量占全国的70%,棉花产量占全国的1/3以上,油菜籽、芝麻、蚕丝、麻类、茶叶、烟草、水果等经济作物,在全国也占有非常重要的地位。成都平原、江汉平原、洞庭湖区、鄱阳湖区、巢湖地区和太湖地区都是中国主要的商品粮基地。因此,长江流域也是中国最主要的农业生产基地。

长江流域西虽为气候高寒的青藏高原,但草场辽阔,日照充足,温差较大,有利于牧草生长,牧草营养丰富,适口性好,是中国重要的牧区。主要牲畜有藏牦牛、藏绵羊、藏山羊、藏马。而长江中下游则农业发达,养殖业兴旺,四川、湖南、江苏是全国生猪拥有量最多的省份,四川、上海、湖南每公顷耕地载有生猪量为全国最高的地区,四川的黄牛、水牛等大型家畜拥有量居全国之冠。因此,长江流域又是畜牧业生产的重要基地。

(6)渔业资源。长江流域湖泊众多,河川如网,现有水面约1.3亿亩[1],接近全国淡水总面积的1/2,其中可供养殖的约5000万亩。鱼类的品种、产量均居全国首位,长江水系淡水鱼已知274种,为全国淡水鱼种的39%,其中鲤形目和鲈形目占半数以上,主要经济鱼类60多种,水产量占全国产量的60%以上。产区主要在中下游水域,渔业以淡水人工养殖为主,天然捕捞量不高。

1.3 长江经济带城市与经济状况

1.3.1 城市状况

长江经济带在长江沿线有41个主要城市(表1.1),其中自下而上:上海、武汉、重庆分布在该区域的下、中、上游。

表1.1 长江经济带沿江主要城市

所属省(市)	数量(个)	城市名称
上海	1	上海
江苏	8	南京、镇江、扬州、苏州、无锡、常州、南通、泰州
浙江	6	杭州、嘉兴、湖州、宁波、绍兴、舟山
安徽	7	合肥、芜湖、铜陵、安庆、巢湖、池州、马鞍山
江西	1	九江
湖北	8	武汉、黄石、鄂州、荆州、宜昌、黄冈、咸宁、恩施
湖南	1	岳阳
重庆	4	重庆、万州、涪陵、江津
贵州	0	
四川	4	泸州、攀枝花、成都、宜宾
云南	1	水富
合计	41	

(来源:长江水利网,2015-05-15)

---

[1] 1亩≈666.7平方米。

长江经济带上、中、下游三大区域城市综合竞争力及分项竞争力排名前10位分布情况如表1.2所示。

表1.2 长江经济带城市竞争力空间分布

竞争力	下游地区	中游地区	上游地区
综合竞争力	6	2	2
经济规模竞争力	6	2	2
社会富足度竞争力	7	2	1
发展效率竞争力	5	3	2
发展互动竞争力	6	3	1

(来源:长江水利网,2015-05-15)

按照综合竞争力的综合得分高低及集散程度,沿江城市划分为长江经济带一级中心城市、二级中心城市、地区中心城市和一般城市四个层次。其中,一级中心城市对长江经济带具有巨大影响带动力,在全国空间发展战略中都具有极为重要的作用;二级中心城市是长江经济具有显著带动力的战略增长极;地区中心城市一般在省级行政单元内部区域空间具有辐射影响力。具体结果如表1.3所示。

表1.3 长江经济带城市结构体系

得分区间	城市层次	城市名称	合计
>1	一级中心城市	上海	1
0.1~1	二级中心城市	重庆、南京、武汉、苏州、杭州、成都、无锡、宁波、合肥	9
−0.2~0.1	地区中心城市	南通、扬州、常州、镇江、舟山、芜湖、安庆、铜陵、池州、九江、岳阳、宜昌	12
−0.5~−0.2	一般城市	泰州、嘉兴、湖州、绍兴、巢湖、马鞍山、黄石、黄冈、鄂州、咸宁、荆州、恩施、万州、涪陵、江津、泸州、攀枝花、宜宾、水富	19

(来源:长江水利网,2015-05-15)

长江经济带一级中心城市只有上海1个,二级中心城市有19个,区域性中心城市12个,一般城市19个。城市体系呈较明显的金字塔型,结构比较合理。三大区域城市层次空间分布情况如表1.4所示。

表1.4 长江经济带三大区域城市层次的空间分布

城市层次	下游	中游	上游	合计
一级中心城市	1	0	0	1
二级中心城市	5	2	2	9
地区中心城市	10	1	1	12
一般城市	6	6	7	19
总计	22	9	10	41

(来源:长江水利网,2015-05-15)

由表 1.4 可以看出，一级中心城市、二级城市主要分布在长江经济带的下游沿海地区，这一区域的城市空间扩张和城市化水平已经达到一个很高的层次，中游和上游有 2 个二级中心城市，但大部分为一般性城市。

1.3.2 各地经济状况

长江经济带面积占我国国土面积的 21.4%，人口占全国总人口的 42.9%，GDP 占全国总量的 44.93%（表 1.5），是我国农业、工业、商业、文化教育和科学技术等方面最发达的地区之一，也是全国高密度的经济走廊之一。但东、中、西部地区发展极度不平衡，区域经济差异显著。

表 1.5　2018 年长江经济带 11 省(市)在全国的占比情况

省(市)	面积 （万平方千米）	GDP 总量 （亿元）	GDP 占全国 比重（%）	人口 （万人）	人口占全国 比重（%）	人均 GDP （元）
上海	0.6	32679.87	3.64	2428	1.74	134982
江苏	10.2	92595.40	10.32	8051	5.77	115168
浙江	10.1	56197.15	6.27	5737	4.11	98643
安徽	14.0	30006.82	3.35	6324	4.53	47712
江西	16.7	21984.78	2.45	4648	3.33	47434
湖北	18.6	39366.55	4.39	5917	4.24	66616
湖南	21.0	36425.78	4.06	6899	4.94	52949
重庆	8.3	20363.19	2.27	3102	2.22	65933
四川	48.5	40678.13	4.54	8341	5.98	48883
云南	39.4	17881.12	1.99	4830	3.46	37136
贵州	17.6	14806.45	1.65	3600	2.58	41244
合计	205.0	402985.24	44.93	59877	42.90	67302

（数据来源：中国统计年鉴(2019)）

长江经济带各省(市)经济发展不平衡主要体现在：从东向西呈明显的阶梯状分布，经济发展水平高的上海与经济发展水平低的贵州相差悬殊；西部地区产业效益不高，人均 GDP 高水平地区较少，中低水平地区众多；中西部地区与东部地区的相对差异在缩小，尤其是重庆、贵州等省(市)增长潜力巨大，但绝对差距并没有显著改变，东部省(市)的经济增量普遍大于中西部其他省(市)。

第2章 长江经济带国家发展战略布局*

2.1 提升长江黄金水道功能

提升黄金水道功能,是推动长江经济带发展的重要战略布局,气象服务既是提升黄金水道功能建设的重要保障,也是黄金水道安全运行的重要保障。

2.1.1 增强干线航运能力

(1)重大航道整治工程。未来下游将重点实施12.5米深水航道延伸至南京工程;中游将重点实施荆江河段航道整治工程,加强航道工程模型试验研究;上游将重点研究实施重庆至宜宾段航道整治工程。

(2)内河船型标准化。未来将研究推广三峡船型和江海直达船型,鼓励发展节能环保船舶。

专栏1　长江干线航道规划重点项目

实施九龙坡至朝天门航道、宜昌至昌门溪航道、昌门溪至熊家洲航道、赤壁至潘家湾航道、中游天兴洲航道、湖广至罗湖洲航道、牯牛沙水道航道二期、鲤鱼山水道航道、下游江心洲水道航道整治工程,南京以下12.5米深水航道建设工程,长江口深水航道减淤工程,长江口北港航道治理工程、长江口南支航道扁担沙守护工程等。

2.1.2 统筹推进支线航道建设

(1)未来将推进航道整治和梯级渠化,提高支流航道等级,形成与长江干线有机衔接的支线网络。

(2)未来将加快信江、赣江、江汉运河、汉江、沅水、湘江、乌江、岷江等高等级航道建设,研究论证合裕线、嘉陵江高等级航道建设和金沙江攀枝花至水富段航运资源

---

* 依据《国务院关于依托黄金水道推动长江经济带发展的指导意见》(国发〔2014〕39号)。

开发。

（3）未来将实施京杭运河航道建设和船闸扩能工程，系统建设长江三角洲地区高等级航道网络，统筹推进其他支流航道建设。

专栏2　长江支线航道规划重点项目

实施连申线、芜申线、杭申线、苏申内港线、苏申外港线、长湖申线、通扬线、湖嘉申线、杭甬运河、杭平申线、钱塘江、大芦线等航道整治工程，岷江、乌江、湘江、汉江、赣江、合裕线等航道升级改造工程。研究建设岷江犍为、龙溪口、东风岩、嘉陵江利泽、汉江雅口、赣江新干、井冈山等航电枢纽。研究推进洞庭湖、鄱阳湖支线航道建设。实施京杭运河山东段、湖西段、苏南段、浙江段航道扩能改造。

2.1.3　优化港口功能布局

（1）未来将促进港口合理布局，大力发展现代航运服务业。

（2）未来将加快上海国际航运中心、武汉长江中游航运中心、重庆长江上游航运中心和南京区域性航运物流中心建设。

（3）未来将提升上海港、宁波—舟山港、江苏沿江港口功能，加快芜湖、马鞍山、安庆、九江、黄石、荆州、宜昌、岳阳、泸州、宜宾等港口建设，完善集装箱、大宗散货、汽车滚装及江海中转运输系统。

专栏3　长江港口系统规划重点项目

海港　建设上海港、宁波—舟山港、苏州港、南京港集装箱码头，宁波—舟山港、连云港进口铁矿石码头，宁波—舟山港、苏州港、镇江港煤炭中转储运基地码头。

河港　加快无锡港、徐州港、嘉兴内河港、杭州港、湖州港、马鞍山港、芜湖港、安庆港、合肥港、蚌埠港、九江港、南昌港、武汉港、黄石港、荆州港、宜昌港、岳阳港、长沙港、重庆港、泸州港等主要港口集约化港区建设，提高现代化水平。

2.1.4　加强集疏运体系建设

（1）以航运中心和主要港口为重点，未来将加快铁路、高等级公路与重要港区的连接线建设，强化集疏运服务功能，提升货物中转能力和效率，有效解决"最后一公里"问题。

（2）拓展港口运输服务的辐射范围，未来将推进港口与沿江开发区、物流园区的通道建设。

2.1.5　扩大三峡枢纽通过能力

（1）挖掘既有船闸潜力，未来将启动三峡及葛洲坝既有船闸扩能和三峡至葛洲坝两坝间航道整治工程。

(2) 完善公路水路无缝衔接的翻坝转运系统,未来将大力推进铁路水路有效连接的联运系统建设,抓紧建设三峡枢纽货运分流油气管道,积极实施货源地分流。

(3) 未来将启动三峡枢纽水运新通道和葛洲坝枢纽水运配套工程建设。

2.1.6 增强长江干线过江能力

专栏4 长江干线新建过江通道规划重点项目(合计94项)

江苏省(14座):建设锦文路、南京第五、七乡河公路过江通道,汉中西路、和燕路、张靖城市道路过江通道,南京4号线城市轨道过江通道,上元门、宁仪城际铁路过江通道,五峰山、常泰、江阴第二、江阴第三、锡通公铁两用过江通道。

安徽省(17座):建设池州、姑孰公路过江通道,横港、铜陵开发区、芜湖城南、泰山路、马鞍山龙山路城市道路过江通道,海口、安庆、池安、江口、梅龙、龙窝湖、弋矶山第二、九华路、湖北路、慈湖公铁两用过江通道。

江西省、安徽省(1座):建设宿松公铁两用过江通道。

湖北省(19座):建设红花套、枝江、荆州第二、石首、赤壁、嘉鱼、沌口、青山、棋盘洲、武穴公路过江通道,伍家岗、杨泗港、鄂黄第二城市道路过江通道,武汉11号线、武汉7号线、武汉8号线、武汉10号线城市轨道过江通道,陡山沱、宜昌轨道公铁两用过江通道。

重庆市(27座):建设白沙、油溪、五举沱、珞碛、长寿第二、长寿第三、韩家沱、兴义、顺溪、西沱、万州绕城高速、故陵、安坪、奉节公路过江通道,小南海、黄桷坪、果园、新田城市道路过江通道,李家沱、鹅公岩城市轨道过江通道,白居寺、雷家坡、黄桷沱、郭家沱、铁路东南环线、新田港铁路、安张铁路公铁两用过江通道。

四川省(17座):建设豆坝、普和金沙江、罗龙、南溪公路过江通道,白塔山、盐坪坝、安富第二、蓝田、沙茜、泰安第二、合江县城城市道路过江通道,绵遂内宜铁路、江安第二、纳溪、安富第一、合江新城、榕山公铁两用过江通道。

注:1. 公铁两用过江通道系指公路或城市道路与铁路或城市轨道交通合并过江形成的通道的统称。

2. 过江通道采用的建设方案(隧道或桥梁)在项目前期工作中研究论证后确定。

2.2 建设综合立体交通走廊

建设综合立体交通走廊,是推动长江经济带发展的先行任务,其建设和运行均需要气象服务保障,同时气象保障体系也是其中的重要建设任务。

2.2.1 发展目标

到 2020 年,建成横贯东西、沟通南北、通江达海、便捷高效的长江经济带综合立体交通走廊。

建成畅通的黄金水道(图 2.1)。形成以上海国际航运中心为龙头、长江干线为骨干、干支流网络衔接、集疏运体系完善的长江黄金水道,高等级航道里程达到 1.2 万千米。

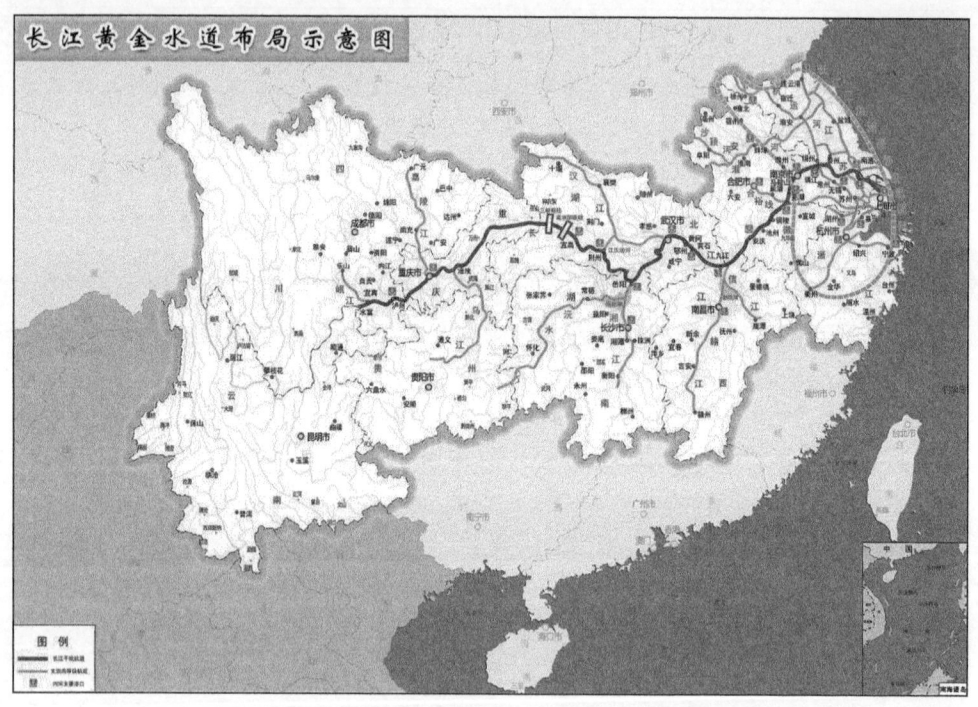

图 2.1 长江黄金水道布局示意图(见彩插)
(来源:中国政府网,2018-07-18)

建成高效的铁路网络(图 2.2)。形成以沿江、沪昆高速铁路为骨架的快速铁路网和以沿江、衢(州)丽(江)、沪昆铁路为骨架的普通铁路网。

建成便捷的公路网络(图 2.3)。形成以沪蓉、沪渝、沪昆、杭瑞高速公路为骨架的国家高速公路网和覆盖所有县城的普通国道网,实现具备条件的乡镇、建制村通沥青(水泥)路。

建成发达的航空网络(图 2.4)。形成以上海国际航空枢纽和重庆、成都、昆明、贵阳、长沙、武汉、南京、杭州等区域航空枢纽为核心的民用航空网。

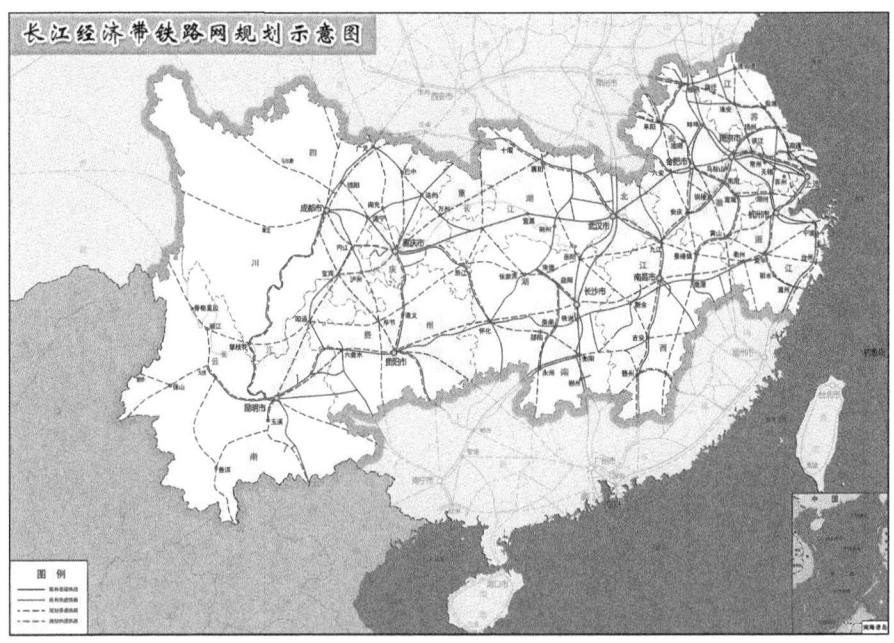

图 2.2　长江经济带铁路网规划示意图(见彩插)

(来源:中国政府网,2018-07-18)

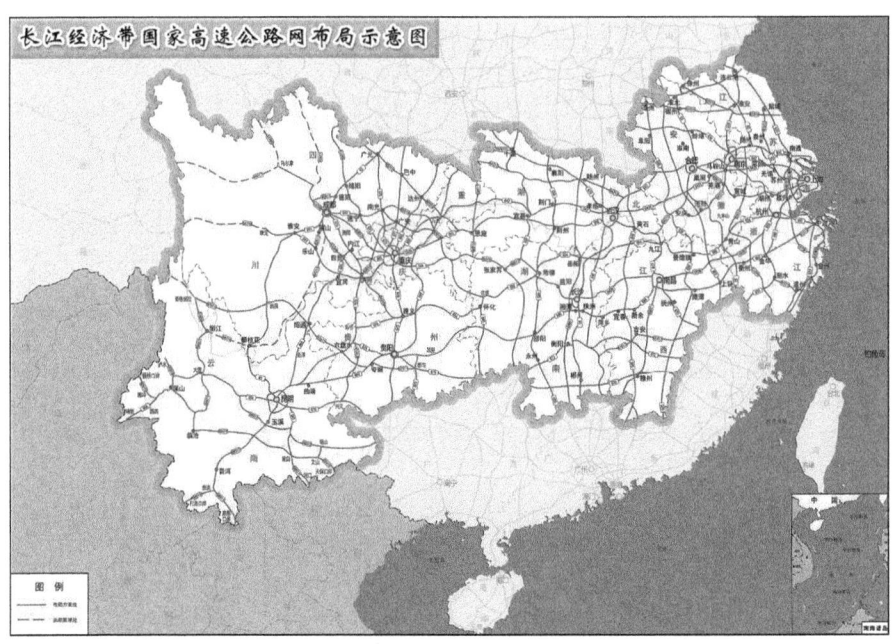

图 2.3　长江经济带国家高速公路网布局示意图(见彩插)

(来源:中国政府网,2018-07-18)

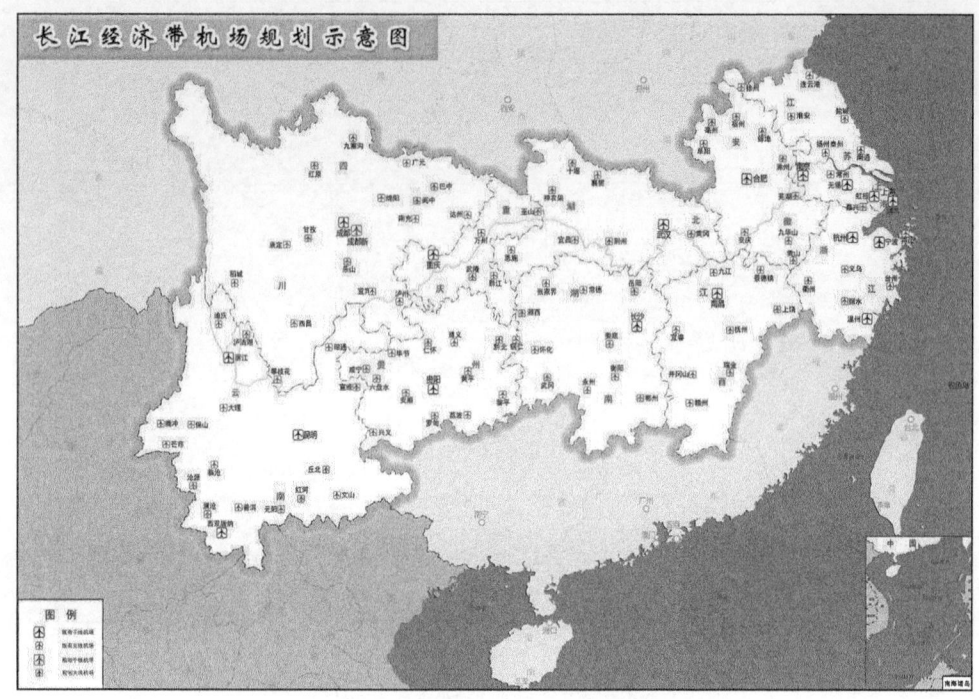

图 2.4　长江经济带机场规划示意图（见彩插）

（来源：中国政府网，2018-07-18）

基本建成区域相连的油气管网。形成以沿江干线管道为主轴，连接成渝城市群、长江中游城市群、长江三角洲城市群的油气管网。

基本建成一体发展的城际交通网。形成以快速铁路、高速公路等为骨干的城际交通网，实现中心城市之间以及中心城市与周边城市之间1～2小时交通圈。

专栏5　长江经济带综合交通网发展目标		
指标	单位	2013年	2020年
一、内河航道里程	万千米	8.9	8.9
高等级航道里程	万千米	0.67	1.2
二、铁路营业里程	万千米	2.96	4.0
高速铁路里程	万千米	0.4	0.9
复线率		49.8%	60.7%
电化率		69.7%	88.5%

三、公路通车里程	万千米	188.8	200
国家高速公路里程	万千米	3.2	4.2
乡镇通沥青(水泥)路率		97.9%	100%
建制村通沥青(水泥)路率		84.7%	100%
四、输油(气)管道里程	万千米	4.4	7.0
五、城市轨道交通营业里程	千米	1089	3600
六、民用运输机场数	个	74	100
七、长江干线过江桥梁(含隧道)数	座	89	180

2.2.2　形成快速大能力铁路通道

(1)建设上海经南京、合肥、武汉、重庆至成都的沿江高速铁路和上海经杭州、南昌、长沙、贵阳至昆明的沪昆高速铁路,连通南北高速铁路和快速铁路,形成覆盖50万人口以上城市的快速铁路网。

(2)改扩建沿江大能力普通铁路,规划建设衢州至丽江铁路,提升沪昆铁路既有运能,形成覆盖20万人口以上城市客货共线的普通铁路网。

专栏6　铁路规划重点项目

快速铁路:建设上海至南通、上海经江阴至南京、连云港经扬州至镇江、徐州经淮安至盐城、杭州经长沙至昆明、杭州至黄山、商丘经合肥至杭州、郑州至合肥、合肥至九江、南昌至赣州、赣州至深圳、九江至武汉、武汉至西安、怀化经邵阳至衡阳、重庆至郑州、重庆至贵阳、重庆至昆明、成都至重庆、汉中经巴中至重庆、成都至贵阳、贵阳至南宁等铁路。

普通铁路:建设衢州经九江、岳阳、常德、黔江、遵义、昭通、攀枝花至丽江,上海至乍浦,南通至启东,庐江至铜陵,六安经安庆至景德镇,鹰潭至梅州,内蒙古西部至华中煤炭运输通道,成都至康定等铁路。实施皖赣、渝怀、成昆等铁路扩能改造。

2.2.3　建设高等级广覆盖公路网

(1)以上海至成都、上海至重庆、上海至昆明、杭州至瑞丽等国家高速公路为重点,建成连通重点区域、中心城市、主要港口和重要边境口岸的高速公路网络。

(2)提高国省干线公路技术等级和安全服务水平,普通国道二级及以上公路比重达到80%以上。

(3)加快县乡连通路、资源开发路、旅游景区路、山区扶贫路建设,实现具备条件的乡镇、建制村通沥青(水泥)路。

> **专栏7　公路规划重点项目**
>
> 　　国家高速公路：新建桐庐至金华、景宁至泰顺、大丰港至盐城、苏浙界至嘉善、巢湖至庐江、桐城至岳西、利辛至祁门、广德至宁国、歙县至淳安、船顶隘至吉安、南昌至茅店、张家界至武冈、张家界至龙山、湘鄂界至慈利、来凤至咸丰、建始至恩施、黔江至石柱、涪陵至南川、雅安至康定、汶川至马尔康、绵阳至九寨沟、丽江至香格里拉、都匀经安顺至西昌、惠水至罗甸、弥勒至楚雄、新平至临沧等公路，启动并研经攀枝花至丽江公路前期研究。
> 　　普通国道：改扩建 G104、G105、G106、G107、G108、G204、G205、G206、G207、G209、G210、G211、G212、G213、G214、G215、G220、G230、G240、G241、G242、G312、G316、G318、G319、G320、G346、G348 等普通国道相关路段。

2.2.4　推进航空网络建设

（1）加快上海国际航空枢纽建设，强化重庆、成都、昆明、贵阳、长沙、武汉、南京、杭州等机场的区域枢纽功能，发挥南昌、合肥、宁波、无锡等干线机场作用，推进支线机场建设，形成长江上、中、下游机场群。

（2）完善航线网络，提高主要城市间航班密度，增加国际运输航线。深化空域管理改革，大力发展通用航空。依托空港资源，发展临空经济。

> **专栏8　机场规划重点项目**
>
> 　　长江下游机场群：实施上海浦东、南京、合肥、宁波、温州机场扩建工程，新建嘉兴、丽水、芜湖、蚌埠、亳州、宿州、滁州等机场。
> 　　长江中游机场群：实施武汉、长沙机场扩建工程，新建上饶、抚州、瑞金、神农架、十堰、荆州、黄冈、衡阳、岳阳、武冈、湘西、郴州、娄底等机场。
> 　　长江上游机场群：实施重庆、贵阳机场扩建工程，推进成都新机场建设，新建乐山、红原、甘孜、巴中、阆中、巫山、武隆、六盘水、仁怀、威宁、黔北、罗甸、泸沽湖、红河、沧源、澜沧、元阳、丘北、宣威等机场。

2.2.5　完善油气管道布局

（1）统筹油气运输通道和储备系统建设，合理布局沿江管网设施。

（2）加强长江三角洲向内陆地区、沿江地区向腹地辐射的原油和成品油输送管道建设，完善区域性油气管网，加快互联互通，形成以沿江干线管道为主轴，连接沿江城市群的油气供应保障体系。

> **专栏 9　油气管道规划重点项目**
>
> 　　依托兰成原油管道、中卫—贵阳天然气管道,配套建设区域干支线、相国寺储气库等。加大西部天然气引入力度,建设西气东输三线、新疆煤制气外输管道等主干管道向长江中游城市群供气支线。建设仪征至长岭原油管道复线,长岭至重庆原油管道,荆门经宜昌至巴东成品油管道及配套设施,中俄东线南段(永清至上海)、青岛至南京、如东经海门至崇明岛等天然气管道及支线,浙江舟山LNG(液化天然气)加注站和江苏金坛、刘庄、淮安储气库。优化布局长江三角洲地区LNG接收站及分销转运站。

2.2.6　建设综合交通枢纽

(1)按照"零距离换乘、无缝化衔接"要求,加强水运、铁路、公路、航空和管道的有机衔接,建设和完善能力匹配的集疏运系统。

(2)加快建设上海、南京、连云港、徐州、合肥、杭州、宁波、武汉、长沙、南昌、重庆、成都、昆明、贵阳等14个全国性综合交通枢纽,有序发展区域性综合交通枢纽,提高综合交通运输体系的运行效率,增强对产业布局的引导和城镇发展的支撑作用。

> **专栏 10　综合交通枢纽(节点城市)**
>
> 　　建设上海、南京、连云港、徐州、杭州、宁波、合肥、南昌、长沙、武汉、重庆、成都、贵阳、昆明等全国性综合交通枢纽(节点城市)以及南通、芜湖、九江、岳阳、宜昌、泸州等重要区域性综合交通枢纽(节点城市)。

2.2.7　加快发展多式联运

(1)抓紧制定标准规范,培育多式联运经营人,鼓励发展铁水、公水、空铁等多式联运,提高集装箱和大宗散货铁水联运比重。

(2)加快智能物流网络建设,增强沿江物流园区综合服务功能,培育壮大现代物流企业,形成若干区域性物流中心,提高物流效率,降低物流成本。

2.3　全面推进新型城镇化

长江上、中、下游城镇化水平和质量差别很大,地理气候差异也很大,长江经济带推进新型城镇化需要大中小结合、东中西联动。《长江经济带发展规划纲要》围绕提高城镇化质量这个目标,提出了优化城镇化空间格局、推进农业转移人口市民化、加强新型城市建设、统筹城乡发展等重点内容。

2.3.1 优化沿江城镇化格局

以沿江综合运输大通道为轴线,以长江三角洲、长江中游和成渝三大跨区域城市群为主体,以黔中和滇中两大区域性城市群为补充,以沿江大中小城市和小城镇为依托,促进城市群之间、城市群内部的分工协作,强化基础设施建设和联通,优化空间布局,推动产城融合,引导人口集聚,形成集约高效、绿色低碳的新型城镇化发展格局。

2.3.2 提升长江三角洲城市群国际竞争力

(1)促进长江三角洲一体化发展,打造具有国际竞争力的世界级城市群。充分发挥上海国际大都市的龙头作用,加快国际金融、航运、贸易中心建设。

(2)提升南京、杭州、合肥都市区的国际化水平。

(3)推进苏南现代化建设示范区、浙江舟山群岛新区、浙江海洋经济发展示范区、皖江承接产业转移示范区、皖南国际文化旅游示范区建设和通州湾江海联动开发。

(4)优化提升沪宁合(上海、南京、合肥)、沪杭(上海、杭州)主轴带功能,培育壮大沿江、沿海、杭湖宁(杭州、湖州、南京)、杭绍甬舟(杭州、绍兴、宁波、舟山)等发展轴带。

(5)合理划定中心城市边界,保护城郊农业用地和绿色开敞空间,控制特大城市过度蔓延扩张。

2.3.3 培育发展长江中游城市群

(1)增强武汉、长沙、南昌中心城市功能,促进三大城市组团之间的资源优势互补、产业分工协作、城市互动合作,把长江中游城市群建设成为引领中部地区崛起的核心增长极和资源节约型、环境友好型社会示范区。

(2)优化提升武汉城市圈辐射带动功能,开展武汉市国家创新型城市试点,建设中部地区现代服务业中心。

(3)加快推进环长株潭城市群建设,提升湘江新区和湘北湘南中心城市发展水平。

(4)培育壮大环鄱阳湖城市群,促进南昌、九江一体化和赣西城镇带发展。建设鄱阳湖、洞庭湖生态经济区。

2.3.4 促进成渝城市群一体化发展

(1)提升重庆、成都中心城市功能和国际化水平,发挥双引擎带动和支撑作用,推进资源整合与一体发展,把成渝城市群打造成为现代产业基地、西部地区重要经济中心和长江上游开放高地,建设深化内陆开放的试验区和统筹城乡发展的示范区。

(2)重点建设成渝主轴带和沿长江、成绵乐(成都、绵阳、乐山)等次轴带,加快重庆两江新区开发开放,推动成都天府新区创新发展。

2.3.5 推动黔中和滇中区域性城市群发展

(1)增强贵阳产业配套和要素集聚能力,重点建设遵义—贵阳—安顺主轴带,推动贵安新区成为内陆开放型经济示范区,建设重要的能源资源深加工、特色轻工业和民族文化旅游基地,推进大数据应用服务基地建设,打造西部地区新的经济增长极和生态文明建设先行区。

(2)提升昆明面向东南亚、南亚开放的中心城市功能,重点建设曲靖—昆明—楚雄、玉溪—昆明—武定发展轴,推动滇中产业集聚区发展,建设特色资源深加工基地和文化旅游基地,打造面向西南开放重要桥头堡的核心区和高原生态宜居城市群。

2.3.6 科学引导沿江城市发展

(1)依托近山傍水的自然生态环境,合理确定城市功能布局和空间形态,促进城市建设与山脉水系相互融合,建设富有江城特色的宜居城市。

(2)加强城区河湖水域岸线管理。

(3)集聚科技创新要素,节约集约利用资源,提升信息化水平。

(4)延续城市历史文脉,推进创新城市、绿色城市、智慧城市、人文城市建设。加强公共交通、防洪排涝等基础设施建设,提高教育、医疗等公共服务水平,提高承载能力。

2.3.7 强化城市群交通网络建设

(1)完善长江三角洲城市群城际交通网络。打造以上海为中心,南京、杭州、合肥为副中心,城际铁路为主通道的"多三角、放射状"城际交通网络;建设以上海为中心,南京、杭州、合肥、宁波、南通为节点的"多三角"城际交通网;建设以上海为中心,连通南通、苏州、嘉兴、宁波等城市的放射状城际交通网。建设以南京为中心,连通苏州、无锡、常州、镇江、南通、泰州、扬州等城市的放射状城际交通网;建设以杭州为中心,连通绍兴、宁波、舟山、台州、湖州、嘉兴等城市的放射状城际交通网;建设以合肥为中心,连通芜湖、马鞍山、宣城、铜陵、池州、安庆、淮南、蚌埠、滁洲等城市的放射状城际交通网;实现城市群内中心城市之间以及中心城市与周边城市之间1~2小时通达。

(2)扩大长江中游城市群城际交通网络。打造长江中游城市群"三角形、放射状"城际交通网络;建设以武汉、长沙、南昌为中心,快速铁路为主通道的"三角形"城际交通网;建设以武汉为中心,连通黄石、鄂州、咸宁、宜昌、荆州、荆门、潜江、仙桃、天门、孝感、黄冈等城市的放射状城际交通网;建设以长沙为中心,连通株洲、湘潭、衡阳、娄底、岳阳、益阳、常德等城市的放射状城际交通网。建设以南昌为中心,连通九江、景德镇、鹰潭、抚州、新余、宜春、萍乡等城市的放射状城际交通网;实现武汉、长沙、南昌之间2小时通达,武汉、长沙、南昌与周边城市之间1~2小时通达。

(3)构建成渝城市群城际交通网络。打造以重庆、成都为中心的"一主轴、放射状"城际交通网络;建设以重庆至成都铁路客运专线为主通道的运输主轴,重庆中心城区连通万州、涪陵、江津、永川、合川等区(县)的放射状城际交通网,成都连通德阳、绵阳、遂宁、南充、广安、达州、资阳、内江、自贡、泸州、宜宾、乐山、眉山、雅安等城市的放射状城际交通网;实现重庆、成都之间以及与周边城市之间1~2小时通达。

(4)建设黔中、滇中城市群城际交通网络。建设以贵阳为中心,连通安顺、遵义、毕节、都匀、凯里的放射状城际交通网络,实现贵阳与周边城市之间1小时通达;建设以昆明为中心,连通曲靖、玉溪、楚雄等城市的放射状城际交通网,实现昆明与周边城市之间1小时通达。

(5)提升城市公共交通网络能力。上海、南京、武汉、重庆、成都等建成城市轨道交通网络,杭州、合肥、南昌、长沙、贵阳、昆明、宁波、苏州、无锡等建成城市轨道交通主骨架;基本实现大城市中心城区公共交通站点500米全覆盖,公共交通占机动化出行比例达到60%左右;强化城市主干道路建设,完善路网结构,改善微循环系统,优化交通组织,广泛应用智能交通技术,提高道路通行效率;进一步推动城市步行和自行车交通系统建设。

(6)改善乡村交通条件。加快集中连片特殊困难地区农村公路建设,形成以县城为中心,辐射乡镇,覆盖行政村的乡村公路网络,实现上中下游地区具备条件的乡镇、建制村通沥青(水泥)路率达到100%;实施乡村公路的桥涵建设、危桥改造以及客运场站等公交配套工程,加强乡村公路的标识、标线、护栏等设施建设,提高乡村公路安全保障水平;大力发展农村客运,实现乡镇、建制村通客车率达到100%。

2.4 培育全方位对外开放新优势

2.4.1 发挥上海对沿江开放的引领带动作用

(1)加快建设中国(上海)自由贸易试验区。

(2)充分发挥上海对外开放的辐射效应、枢纽功能和示范引领作用,带动长江经济带更高水平开放,增强国际竞争力。

2.4.2 增强云南面向西南开放重要功能

(1)提升云南向东南亚、南亚开放的通道功能和门户作用。

(2)推进孟中印缅、中老泰等国际运输通道建设,实现基础设施互联互通。

(3)推动孟中印缅经济走廊合作,深化参与中国—东盟湄公河流域开发、大湄公河次区域经济合作,率先在口岸、边境城市、边境经济合作区和重点开发开放试验区实施人员往来、加工物流、旅游等方面的特殊政策。

(4)将云南建设成为面向西南周边国家开放的试验区和西部省份"走出去"的先行区,提升中上游地区向东南亚、南亚开放水平。

2.4.3 加强与丝绸之路经济带的战略互动

(1)发挥重庆长江经济带西部中心枢纽作用,增强对丝绸之路经济带的战略支撑。

(2)发挥成都战略支点作用,把四川培育成为连接丝绸之路经济带的重要纽带。

(3)构建多层次对外交通运输通道,加强各种运输方式的有效衔接,形成区域物流集聚效应,打造现代化综合交通枢纽。

(4)优化整合向西国际物流资源,提高连云港陆桥通道桥头堡水平,提升"渝新欧""蓉新欧""义新欧"等中欧班列国际运输功能,建立中欧铁路通道协调机制,增强对中亚、欧洲等地区进出口货物的吸引能力,着力解决双向运输不平衡问题。

(5)加强与沿线国家海关的合作,提高贸易便利化水平。提升江苏、浙江对海上丝绸之路的支撑能力。

(6)加快武汉、长沙、南昌、合肥、贵阳等中心城市内陆经济开放高地建设。推进中上游地区与俄罗斯伏尔加河沿岸联邦区合作。

2.4.4 推动对外开放口岸和特殊区域建设

(1)增强沿江沿边开放口岸和特殊区域功能,打造高水平对外开放平台。

(2)在中上游地区适当增设口岸及后续监管场所,在有条件的地方增设铁路、内河港口一类开放口岸,推动口岸信息系统互联共享。

(3)条件成熟时,在基本不突破原规划面积的前提下,逐步将沿江各类海关特殊监管区域整合为综合保税区,探索使用社会运输工具进行转关作业。

(4)在符合全国总量控制目标的前提下,支持具备条件的边境地区按程序申请设立综合保税区,支持符合条件的边境地区设立边境经济合作区和边境旅游合作区,研究完善人员免签、旅游签证等政策。

(5)推动境外经济贸易合作区和农业合作区发展,鼓励金融机构在境外开设分支机构并提供融资支持。

第3章 长江经济带气候条件分析

一个区域的气象条件和气候资源,就是一个区域经济发展的本底条件和基础,长江经济带上、中、下游气象条件和气候资源差别非常明显,推动长江经济带发展必须认识和掌握这一区域的气象条件和气候资源特征,既尊重自然气候规律,又做到科学合理开发利用。

3.1 气候概况

长江经济带覆盖上海、江苏、浙江、安徽、江西、湖北、湖南、重庆、四川、云南、贵州11个省(市),西接青藏高原,东临太平洋,范围与长江流域大部重叠,其地理位置及大气环流的季节变化,使其大部分地域气候为典型的亚热带季风气候,冬寒夏热,干湿季分明为其气候的基本特征,除川西局部地区外,长江经济带内大部为湿润地区,但由于地形、地貌条件差异明显,区域气候特点突出。

3.1.1 气温时空分布特征

(1)年平均气温。长江经济带年平均气温总体上呈东高西低、南高北低的空间分布趋势,北部纬向分布特征明显,西南部云南横断山区经向分布特征突出(图3.1)。经济带西部云南、四川平均气温变幅较大,东部平均气温变幅较小。四川西部是经济带气温最低的地区,秦岭、川西高原到横断山区一线东南的广大地区年平均气温大于13℃,具有明显的亚热带季风气候特征。全流域有4个大于18℃的高温中心,分别是中下游江西中南部、湖南南部、云南中部和四川—重庆长江上游干流河谷。年平均气温最高值出现在云南元谋(21.0℃),最低值出现四川西北石渠(−0.9℃)。月平均气温年变化呈"单峰型"曲线,1月最低,7月最高(图3.2)。

长江经济带年平均气温呈逐渐上升趋势,1961—2018年年平均气温每10年升高0.15℃,低于全国平均水平(0.23℃/10年);20世纪80年代以前,气温变化趋势不明显,随后气温呈缓慢上升,最近10年为相对较高时期。年平均气温最高值出现在2013年,为17.0℃,最低值出现在1984年,为15.2℃。与平均气温变化趋势一样,最高气温和最低气温均呈上升趋势,其上升速率为0.16℃/10年和0.21℃/10年。

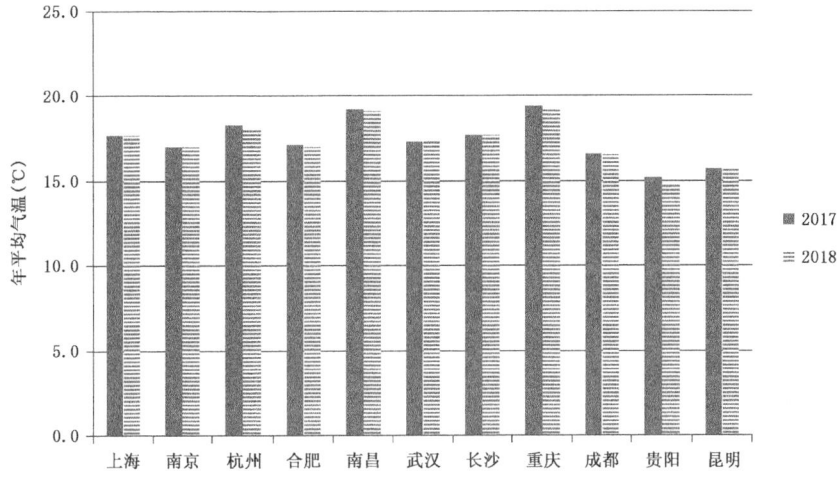

图 3.1 2017、2018 年长江经济带主要城市年平均气温柱状图
(数据来源:气象统计年鉴(2017),气象统计年鉴(2018))

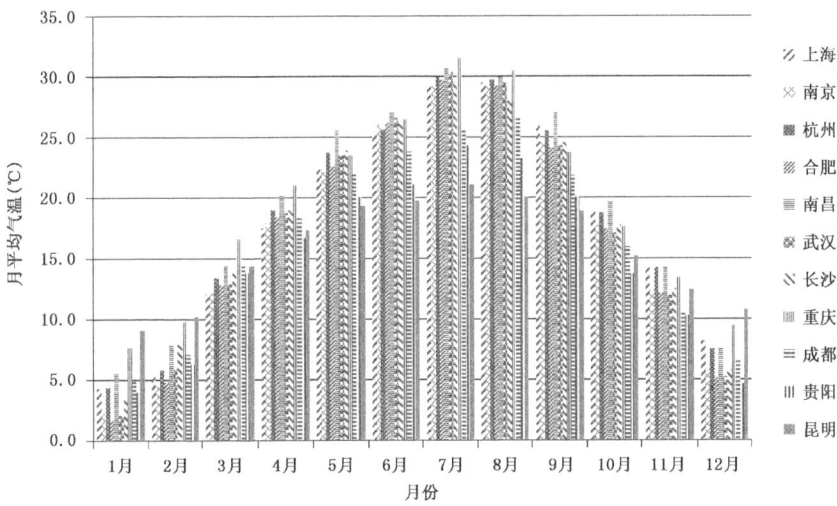

图 3.2 2018 年长江经济带主要城市各月平均气温柱状图
(数据来源:气象统计年鉴(2018))

(2)极端最高气温。长江经济带极端最高气温空间分布总体上亦呈南高北低分布趋势,极端最高气温中心多分布在沿长江两侧一带,纬向分布特征明显(图 3.3),四川西北部山区极端最高气温明显较低。极端最高气温最大值出现在重庆綦江,达44.5℃;最小值出现在四川峨眉山,为 23.9℃。月极端最高气温年变化也呈"单峰型",1 月最低,7 月最高(图 3.4)。

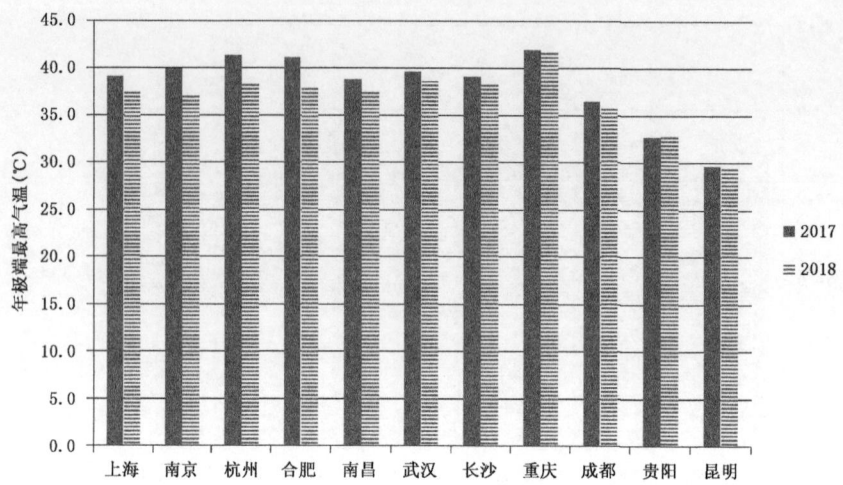

图 3.3 2017、2018 年长江经济带主要城市年极端最高气温柱状图
(数据来源:气象统计年鉴(2017),气象统计年鉴(2018))

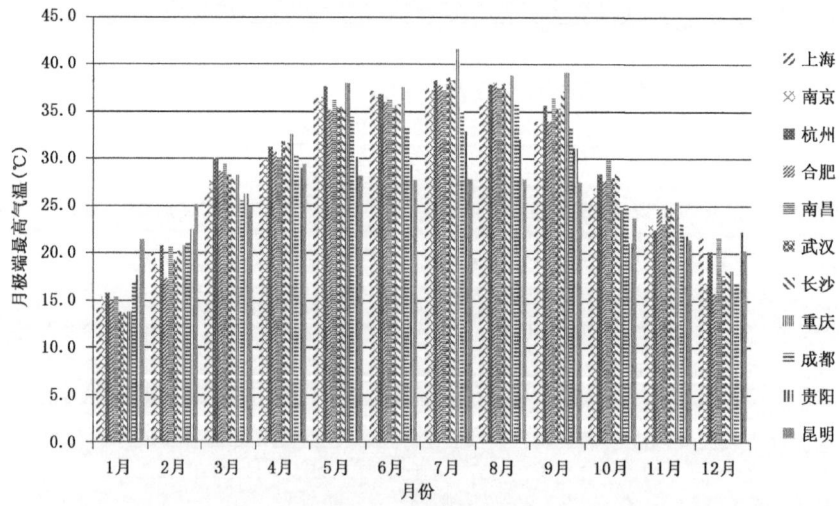

图 3.4 2018 年长江经济带主要城市各月极端最高气温柱状图(单位:℃)
(数据来源:气象统计年鉴(2018))

(3)极端最低气温。长江经济带极端最低气温空间分布总体上呈南低北高分布趋势,纬向分布特征明显,经向变幅较小(图 3.5)。极端最低气温低值中心呈多个中心不均匀分布。极端最低气温最小值出现在四川石渠,为-32.4℃,最高值出现在四川攀枝花米易,为 3.1℃。月极端最低气温年变化呈"单峰型",1 月最低,7 月最高(图 3.6)。

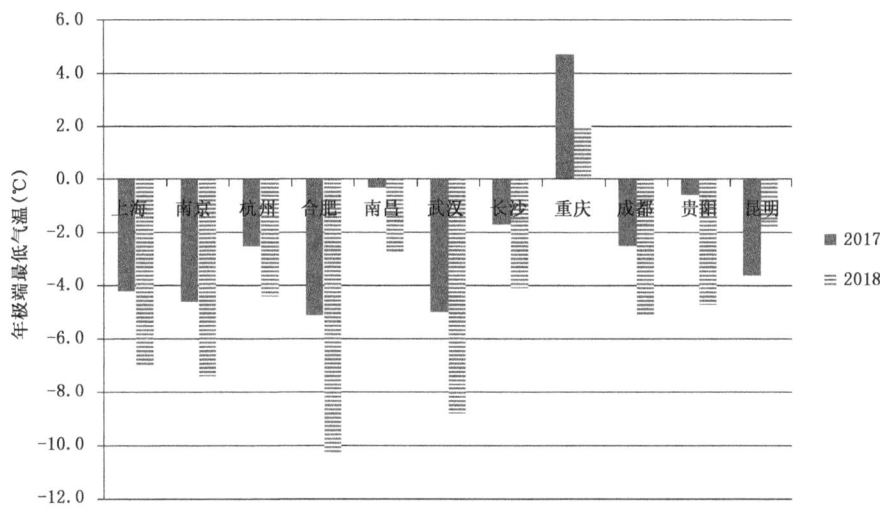

图 3.5　2017、2018 年长江经济带主要城市年极端最低气温柱状图
（数据来源：气象统计年鉴(2017)，气象统计年鉴(2018)）

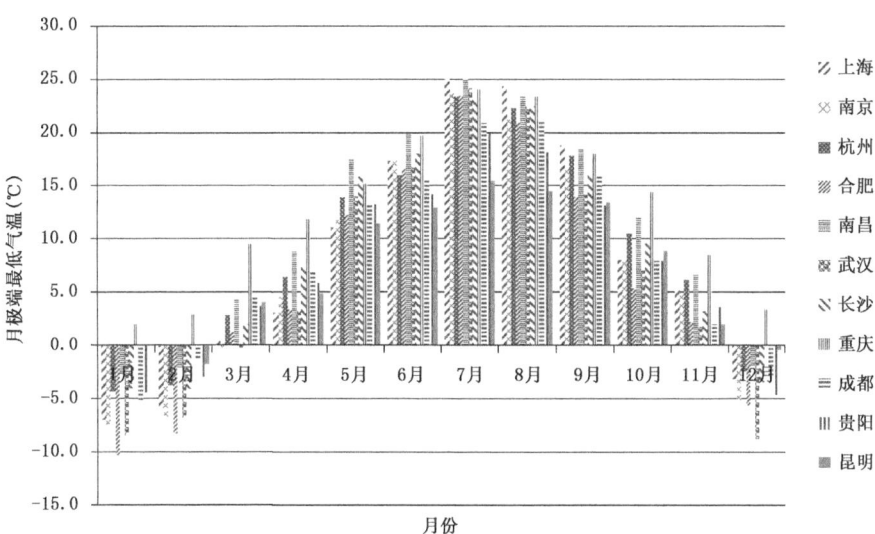

图 3.6　2018 年长江经济带主要城市各月极端最低气温柱状图
（数据来源：气象统计年鉴(2018)）

3.1.2　降水时空分布特征

(1)年平均降水量。长江经济带年平均降水量空间分布很不均匀，等雨量线呈东北—西南走向，降水量从东南沿海向西北内陆递减，而且愈向内陆，减少愈为迅速（图

3.7、图3.8)。四川金沙江、岷沱江和嘉陵江上游降水量为400~800毫米,属于半湿润地区;流域其他地区降水量大多在800毫米以上,属于湿润地区,其中长江中下游大部地区降水量大于1200毫米,江西省及其附近地区降水量达1600毫米以上。最大年平均降水量出现在安徽黄山(2269毫米),其次是湖南南岳(2058毫米)和江西庐山(2024毫米);最小年平均降水量出现在四川北部的茂县(462毫米)。

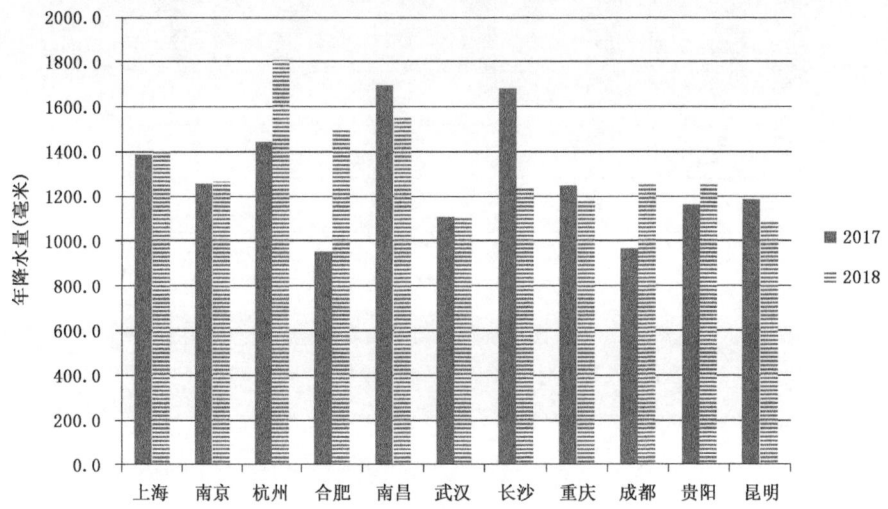

图3.7　2017、2018年长江经济带主要城市年降水量柱状图
(数据来源:气象统计年鉴(2017),气象统计年鉴(2018))

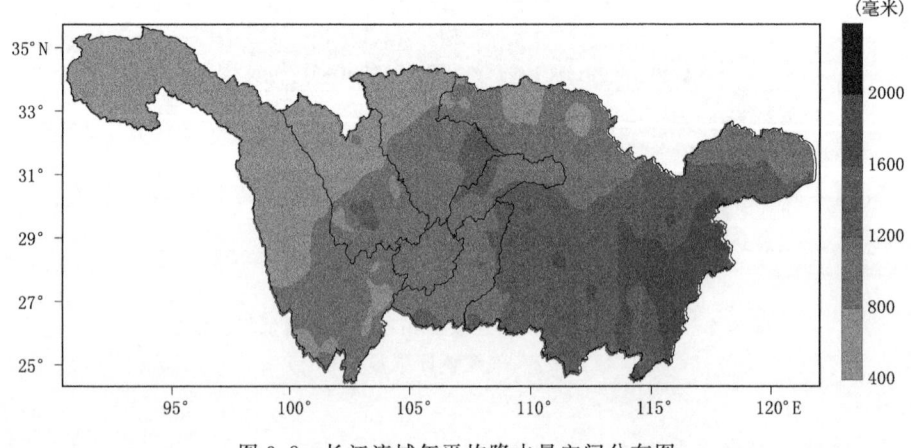

图3.8　长江流域年平均降水量空间分布图

长江经济带区域内降水年代际特征明显,2000年后相对较少。1961—2018年年平均降水量呈增加趋势,平均每10年增加6.3毫米。年平均降水存在较明显的年代

际特征,20世纪80年代末至90年代初以及2000年以后,为降水相对较少的时期;70年代至80年代初、90年代末为降水相对较多时期,尽管如此,逐年间仍存在较大的变率。整个流域年降水量最多为1357.5毫米(1983年),最少为934.1毫米(1978年)。

(2)月降水量。长江经济带月降水量时间分布表现为单峰型变化曲线,冬干夏雨,具有典型的亚热带季风气候特征。降水量3月开始增多,峰值出现在6月,其次是7月,8—10月逐月减少,11月以后进入冬季,降水较少。4—9月是长江经济带降水的主要时段,降水量达900毫米,约占年均降水量的75%(图3.9)。

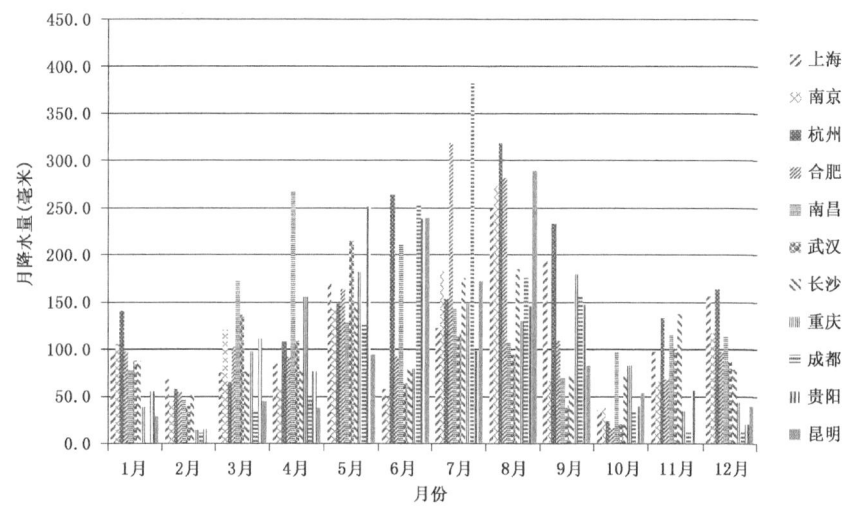

图3.9 2018年长江经济带主要城市各月降水量柱状图
(数据来源:气象统计年鉴(2018))

(3)年平均暴雨日数。长江经济带年平均暴雨日数空间分布呈从东南沿海向西北内陆逐渐递减的趋势,以浙江泰顺、安徽黄山、江西德兴为中心的暴雨区年平均暴雨日超过5天,向西北内陆逐渐递减,到四川金沙江中上游、岷沱江及嘉陵江上游年均暴雨日数不到1天。其中长江上游有2个平均暴雨日数在4天以上的暴雨中心,分别是以重庆万源、开县为中心的大巴山地区;以四川雅安、夹江为中心的川西地区。区域最大平均暴雨日数出现在安徽黄山(7.3天)。长江经济带全年每月都有暴雨出现,但暴雨日数变幅较大。暴雨日数3月开始增多,峰值出现在6月(0.8天),其次是7月(0.7天),以后逐月缓慢减少,11月以后暴雨稀少。4—9月是长江经济带暴雨的多发时段,平均暴雨日数为2.6天,占年平均暴雨日数的92%。

(4)年平均大暴雨日数。长江经济带大暴雨日数空间分布不均,川东、重庆及中下游江西、浙江为大暴雨多发区,大暴雨日几乎每2年出现一次,区域内最多大暴雨日数出现在川西雅安,年均大暴雨日超过2天,大暴雨出现频率最低区域也出现在川西,该地金沙江流域10年难出现一次大暴雨。年均大暴雨日超过1天的地区主要分布在中下游的鄂、皖、赣、浙、苏地区,以及上游的大巴山地区和川西地区。

(5)年均特大暴雨日数。长江经济带特大暴雨发生频率最高的是四川岷沱江流域,频率最低也在四川金沙江流域。30年(1981—2010年)统计中,长江中下游特大暴雨日数达到2天以上的地区零散分布,最多大暴雨日数出现在四川峨眉山市(4天)。特大暴雨出现时段为4—9月,6月特大暴雨日数迅速增大,7月达到峰值(66天),8—9月迅速减少。30年共出现特大暴雨153站次。

(6)日极端降水。长江经济带日极端最大日降水622.4毫米,出现在东部的浙江乐清,浙江象山、临安多地也出现过超600毫米的降水,中部的湖北阳新出现过538.7毫米的日降水;最小值为39.4毫米,出现在四川西部的德格县。日极端降水量自南向北呈递减趋势,200毫米以上站点多分布在长江以南。长江上游流域三日极端降水分空间分布区趋势与日极端降水基本一致。

3.2 气候资源

长江经济带拥有得天独厚的区位优势,大部分地处亚热带季风区,气候温暖湿润,四季分明,年积温高,许多地区雨热同季,且光、热、水资源配合好,季节分配适宜,既拥有发展高产优质高效农业的基础条件,空中云水资源丰富,风能、太阳能等气候资源也具有很高的可开发性。

3.2.1 降水资源

《三峡工程水库调度关键期流域气候特征及预测方法》(肖舸 等,2014)中提到,长江流域年平均降水量(1961—2012年)1184.7毫米,其中金沙江流域858.7毫米,岷沱江流域982.1毫米,嘉陵江流域1003.3毫米,乌江流域1127.6毫米,宜宾到重庆流域1068.3毫米,重庆到宜昌流域1136.5毫米,长江中下游流域1309.9毫米(表3.1)。

表3.1 1961—2012年长江流域降水量特征值(单位:毫米)

流域名称	平均降水量	最大年降水量		最小年降水量	
		年份	降水量	年份	降水量
长江流域	1184.7	1998	1366.1	1978	964.1
长江上游	997.9	1998	1133.9	2011	831.4
金沙江	858.7	1998	1031.5	2011	614.6
岷沱江	982.1	1961	1225.7	2006	788.2
嘉陵江	1003.3	1983	1250.0	1997	697.6
乌江	1127.6	1977	1381.5	2011	823.3
宜宾—重庆	1068.3	1968	1375.3	2011	716.6
重庆—宜昌	1136.5	1982	1441.3	2001	850.7
长江中下游	1309.9	2002	1568.5	1978	969.0

3.2.2 云水资源

据统计(张有芷,1986),长江流域全年平均输入水汽量67800亿立方米,长江流域年均降水量为19370亿立方米,仅占水汽输入量的28.5%。因此,长江流域降水充沛,水力资源富集,在发电、灌溉、养殖、旅游等方面的综合利用效益很大。宜昌以上的上游地区水资源蕴藏量约占流域的80%,可开发的水能资源则占全流域的87%,其中宜宾以上的金沙江水系又占全流域的45%。如按水系划分,水能资源分布情况是:理论蕴藏量干流占34.2%,支流占65.8%;开发量干流占46%,支流占54%。各支流水能资源可开发量占全流域量的比重分别为:雅砻江14.8%;岷江(含大渡河)16.3%;嘉陵江4%;乌江4%;如按行政区划分:西部地区可能开发的水能资源占全流域的72.9%,其中重庆、四川占该区的64%;中部地区可能开发的水能资源约占全流域的26.7%;东部地区可能开发的水能资源仅占全流域的0.3%。

同时人工增雨潜力巨大,由表3.2可以看到,长江全流域可开发水资源达7045亿立方米,其中宜昌以上金沙江、长江上游可开发水资源约5591亿立方米,汉江上游可开发水资源可达319亿立方米。

表3.2 长江流域各区及全流域空中云水资源和降水效率表

流域名称	流域面积 (平方千米)	年总云水量 (千克/米²)	流域云水年总量 (亿立方米)	流域降水年总量 (亿立方米)	流域降水 效率(%)	可开发水资源量 (亿立方米)
金沙江	473974	1236.04	5858.5	3388.7	57.8	2469.8
长江上游	510218	1670.88	8525.1	5404.2	63.4	3120.9
汉江上游	95217	1166.04	1110.3	791.2	71.3	319.1
长江中游	578623	1708.11	9883.5	8239.2	83.4	1644.3
长江下游	124684	1362.62	1699.6	1547	91.1	152.0
长江	1782716	1481.75	26415.5	19370.3	73.3	7045.2

3.2.3 太阳能资源

根据2019年中国气象局风能太阳能资源中心、中国气象服务协会联合发布的《2018年中国风能太阳能资源年景公报》(中国气象局风能太阳能资源中心、中国气象服务协会,2019)显示,长江经济带太阳能资源具有如下特点。

(1)水平面光伏发电太阳能资源

2018年,全国陆地表面平均年水平面总辐射量为1486.5千瓦时/米²,较近10年(2008—2017年)平均值1494.1千瓦时/米²略有偏低(图3.10)。

太阳能资源地区性差异较大,总体上呈现高原、少雨干燥地区大,平原、多雨高湿地区小的特点。2018年,长江经济带内的四川西部、云南大部等地年水平面总辐射

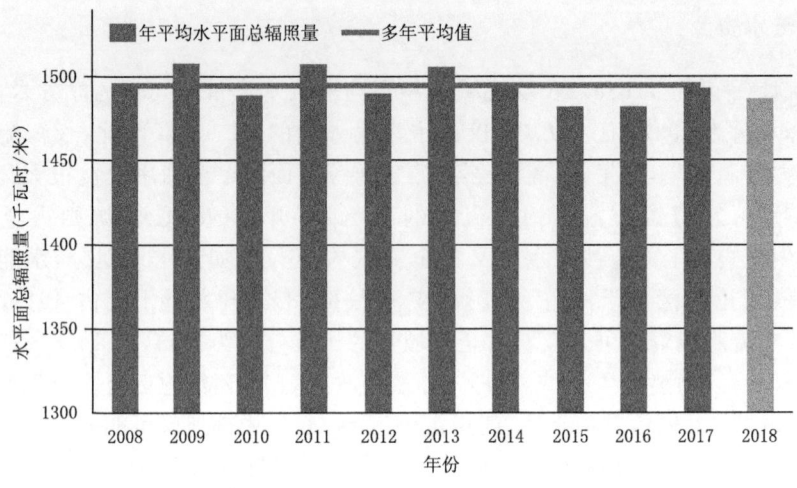

图 3.10　全国陆地表面平均年水平面总辐射量年际变化直方图

量 1400~1750 千瓦时/米²,为太阳能资源较丰富区;江淮、江汉、江南等地年水平面总辐射量 1050~1400 千瓦时/米²,为太阳能资源丰富区;重庆、贵州中东部、湖南西北部、湖北西南部地区年水平面总辐射量不足 1050 千瓦时/米²,为太阳能资源一般区。太阳能资源丰富的地区,有效利用太阳能发电既能促进工农业生产,改善人民生活,又可保护生态环境。由太阳能资源分布来看,长江经济带相较全国是太阳能相对缺乏,但除四川盆地、重庆、贵州、湖南等地太阳能资源较欠缺外,其他各地有一定的开发价值。

(2)固定式光伏发电太阳能资源

固定式光伏发电可利用的太阳能资源是光伏组件按照最佳倾角放置时能够接收的太阳总辐射(简称最佳斜面总辐射)。此外,根据目前国内的设计经验,按照 80% 的总体系统效率,计算出固定式光伏电站的首年利用小时数。

2018 年,全国平均的年最佳斜面总辐照量为 1726.87 千瓦时/米²,比近 10 年(2008—2017 年)平均值 1738.5 千瓦时/米² 略有偏低(图 3.11);全国平均的固定式光伏电站首年利用小时数为 1381.5 小时,比近 10 年(2008—2017 年)平均值 1390.8 小时略有偏低。

全国最佳斜面总辐射量及光伏发电首年利用小时数空间分布显示,2018 年,我国东北、华北、黄淮、西北和西南中西部年最佳斜面总辐射量超过 1400 千瓦时/米²,首年利用小时数在 1500 小时以上,局部超过 1800 小时。其中,长江经济带内的重庆南部、贵州东北部年最佳斜面总辐射量在 1000 千瓦时/米² 以下,首年利用小时数小于 900 小时;湖北、安徽大部、浙江、江西、湖南、贵州大部、四川东部等地的年最佳斜面总辐射量在 1000~1400 千瓦时/米²。

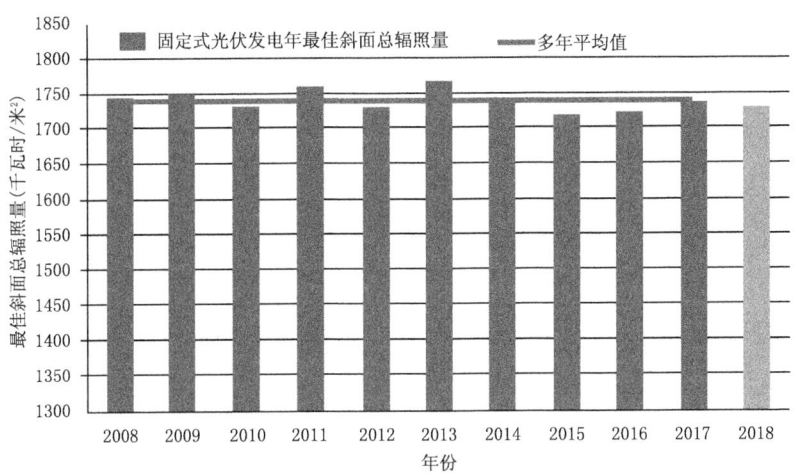

图 3.11 全国陆地表面固定式光伏发电年最佳斜面总辐射量年际变化直方图

3.2.4 风能资源

长江经济带季风气候明显,主要风能资源集中在下游江苏、浙江沿海,湖北、湖南、安徽、江西及川西、云南北部有一定的开发利用价值。江苏省东部沿海地区,部分地区年平均风速可达 5.0 米/秒以上,年风能有效小时数可达 6000 小时以上,年平均风功率密度可达 200 瓦/米^2。

根据 2019 年中国气象局风能太阳能资源中心、中国气象服务协会联合发布的《2018 年中国风能太阳能资源年景公报》(中国气象局风能太阳能资源中心、中国气象服务协会,2019)显示,长江经济带风能资源具有如下特点。

(1) 10 米高度年平均风速

2018 年,全国地面 10 米高度年平均风速较近 10 年(2008—2017 年)均值偏大 0.23%,属正常年景,但分布不均,地区差异性较大,年平均风速偏大的省(区、市)略多于年平均风速偏小的省(区、市),其中,长江经济带内的上海偏小 5% 以上,重庆、湖北、四川 3 个省(市)偏大 5% 以上(图 3.12)。

(2) 70 米高度风能资源

2018 年,全国陆地 70 米高度层平均风速均值约为 5.5 米/秒。图谱显示,平均风速大于 6.0 米/秒的地区主要分布在东北大部、华北平原北部、山东北部和中部的部分地区、内蒙古大部、宁夏、陕西北部、甘肃北部、新疆东部和北部的部分地区、青藏高原大部、四川西部、云贵高原、两广等地的山区以及浙江沿海地区,其中长江经济带内的东部沿海大部分地区、华东、华中及西南等部分山区的平均风速达到 5.0 米/秒以上。

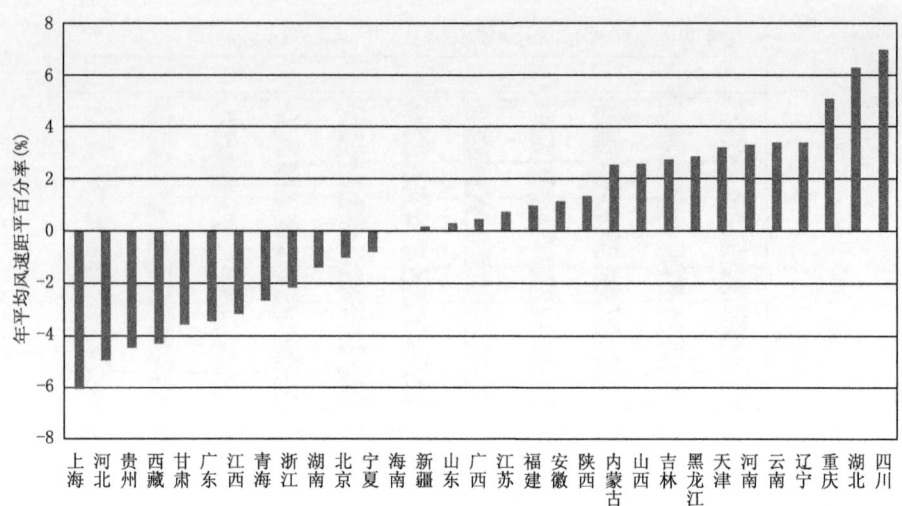

图 3.12　2018 年各省（区、市）地面 10 米高度年平均风速距平百分率图

2018 年，全国陆地 70 米高度层年平均风功率密度为 237.1 瓦/米^2。图谱显示，平均风功率密度大值区主要分布在我国的三北地区、东南沿海地区以及青藏高原、云贵高原和华南山脊地区。年平均风功率密度超过 300 瓦/米^2 的区域主要分布在三北地区、青藏高原和云南的山脊地区；年平均风功率密度超过 200 瓦/米^2 的分布区域较广，华东和沿海以及中部地区的山地区域风功率密度一般都能达到 200 瓦/米^2。

3.3　气象灾害

在长江经济带及长江流域经常发生的气象灾害有：暴雨、洪涝、干旱、大雪、冰雹、连阴雨、浓雾、高温、冷害、冻害、冰冻、大风、龙卷风、热带气旋（台风）、干热风、冻雨、雷电、风暴潮等，其中长江经济带最主要的气象灾害是洪涝和干旱，水旱灾害具有持续时间长、危害范围广、灾害损失大的特点。洪涝和干旱的出现往往相互对立又相互关联，有研究表明区域性、流域性的洪涝和干旱灾害是季风活动异常的产物，具有季节性和阶段性的特点。同时长江经济带洪涝和干旱的地区分布有很强的相关性和一致性，洪涝灾害的多发地区同时也是干旱灾害的多发地带。

根据形成的气象要素不同，气象灾害可以分为如下几类：一是降水异常型，包括暴雨、连阴雨、洪涝、干旱、大雪、冰雹和浓雾；二是温度异常型，包括高温、冷害、冻害和冰冻；三是风力异常型，包括大风和龙卷风；四是雷电异常型，仅雷电一类；五是多要素异常型，包括干热风、热带气旋（台风）、冻雨和风暴潮；六是能见度异常型，包括雾、霾。其中与降水相关的气象灾害尤其是洪涝、干旱、连阴雨对三峡工程水库调度关键期的运行调度影响较大。长江经济带常见的气象灾害如下。

3.3.1 暴雨洪涝

长江水患是一直是影响着长江流域发展的一大危害,在这一区域因暴雨造成的洪涝、滑坡、泥石流对人民生命财产安全带来严重影响。古往今来,长江流域发生过多次大洪水,自公元前185年(西汉初)至1911年(清朝末年)的2096年间,长江共发生较大洪水灾害214次。1499—1949年的451年间,湖北省境内江汉干堤溃口达186次。

20世纪最后的20年,长江流域的气候背景为暖冬涝夏,在这一气候背景影响下,20年里有10年都出现了重大洪涝灾害。具体为1981年、1989年的长江流域上游,1980、1982、1983、1991、1995、1996、1999年的长江流域中下游和1998年的长江全流域(江南时报,2001)。1998年出现全流域性大洪水,长江中下游干流沙市至螺山、武穴至九江共计359千米的河段水位超过了历史最高水位。鄱阳湖水系五河、洞庭湖水系四水发生大洪水后,长江上中游干支流又相继发生了较大洪水,长江上游接连出现8次洪峰,1999年再次发生区域性洪水。

21世纪以来也多次遭遇洪水灾害。2004年9月初,四川省东北部和重庆地区出现了大范围的持续性暴雨和大暴雨天气过程。在长江上游发生了有资料记载以来秋季第三大洪水,长江上游洪水与三峡区间洪水遭遇后形成宜昌站洪峰流量达61100米^3/秒;2007年7月16日,一场罕见的特大暴雨突袭山城重庆,最大降雨量近300毫米,重庆25个区县300余万人受灾;2012年,长江先后出现了5次洪峰,7月24日三峡入库流量达到71200米^3/秒,为建库以来最大洪峰,也是1981年以来最大洪水,干流及主要支流发生超警戒或超保证洪水;2016年,湖北连续遭遇6轮强降雨袭击,降雨总量、强度和范围等均高于1998年,突破多个历史极值,多地发生山洪、滑坡和中小河流洪水,武汉连续两次遭遇严重内涝,省内五大湖泊4个超保证、全部超警戒,全省2264.68万人次受灾,直接经济损失543.85亿元。

近年来,根据《中国气候公报》和《气象统计年鉴》统计,长江经济带各省(市)暴雨洪涝2013年相对偏重(主要灾害发生在四川盆地),2014、2015年相对偏轻,但仍有部分地区受灾严重,其中2014年暴雨洪涝灾害损失中长江下游各省(市)灾害较轻,中上游各省(市)灾害损失均较重。2016、2017、2018年暴雨洪涝灾害造成的损失情况分别见表3.3、表3.4、表3.5。

表3.3 2016年长江经济带各省(市)暴雨洪涝(滑坡、泥石流)灾害情况统计表

省(市)	农作物受灾情况		人口受灾情况		倒塌房屋(万间)	损坏房屋(万间)	直接经济损失(亿元)
	受灾面积(万公顷)	绝收面积(万公顷)	受灾人口(万人)	死亡人口(人)			
上海							
江苏	9.26	0.49	62.1			0.1	4.6
浙江	7.58	0.56	59.5	8	0.1	0.5	24.1

续表

省(市)	农作物受灾情况		人口受灾情况		倒塌房屋(万间)	损坏房屋(万间)	直接经济损失(亿元)
	受灾面积(万公顷)	绝收面积(万公顷)	受灾人口(万人)	死亡人口(人)			
安徽	110.42	39.08	1277.7	34	5.2	16.8	546.2
江西	41.66	5.51	661.7	33	1.1	4.6	91.3
湖北	187.02	31.92	2080.5	110	7.9	25.1	816.1
湖南	114.25	8.47	1525.8	40	4.0	24.6	256.6
重庆	12.77	1.73	271.5	50	1.1	5.0	41.3
四川	13.87	2.39	327.6	58	0.7	7.8	55.4
贵州	19.76	3.18	385.2	95	1.7	13.5	160.4
云南	22.55	3.94	460.1	80	0.8	14.2	81.3
合计	539.14	97.27	7111.7	508	22.6	112.2	2077.3
全国	853.14	129.73	9954.9	968	44.1	215.5	3134.4

(数据来源:气象统计年鉴(2016))

表 3.4　2017 年长江经济带各省(市)暴雨洪涝(滑坡、泥石流)灾害情况统计表

省(市)	农作物受灾情况		人口受灾情况		倒塌房屋(万间)	损坏房屋(万间)	直接经济损失(亿元)
	受灾面积(万公顷)	绝收面积(万公顷)	受灾人口(万人)	死亡人口(人)			
上海							
江苏	0.06		1.2			0.1	0.79
浙江	8.65	0.58	86.9		0.2	0.4	33.61
安徽	15.68	1.74	148.1	1		0.1	11.23
江西	38.71	5.22	606.2	14	0.9	6.9	113.88
湖北	69.27	16.04	747.5	38	0.9	4.8	116.64
湖南	99.00	11.96	1498.6	85	5.7	39.1	566.75
重庆	3.84	0.32	164.3	43	1.0	2.4	20.27
四川	14.27	2.35	335.2	141	0.4	4.6	62.63
贵州	16.41	2.47	365.7	54	0.3	4.3	48.64
云南	18.56	2.34	333.0	68	0.4	3.4	42.09
合计	284.45	43.02	4286.7	444	9.8	66.1	1016.53
全国	541.48	74.46	6951.2	674	13.4	100.9	1909.91

(数据来源:气象统计年鉴(2017))

表 3.5　2018 年长江经济带各省(市)暴雨洪涝(滑坡、泥石流)灾害情况统计表

省(市)	农作物受灾情况		人口受灾情况		倒塌房屋(万间)	损坏房屋(万间)	直接经济损失(亿元)
	受灾面积(万公顷)	绝收面积(万公顷)	受灾人口(万人)	死亡人口(人)			
上海							
江苏	0.86	0.13	9.5				2.9
浙江	0.04		0.2				0.2

续表

省(市)	农作物受灾情况		人口受灾情况		倒塌房屋(万间)	损坏房屋(万间)	直接经济损失(亿元)
	受灾面积(万公顷)	绝收面积(万公顷)	受灾人口(万人)	死亡人口(人)			
安徽	14.9	2.24	110.7	1		0.1	10.9
江西	13.00	1.58	151.8	3	0.2	0.5	18.2
湖北	14.71	1.06	185.6	4	0.1	0.9	18.7
湖南	6.79	0.85	139.7	13	0.1	0.9	18.4
重庆	3.05	0.72	72.8	19	0.1	2.5	11.7
四川	35.77	5.60	677.5	35	1.3	19.2	335.1
贵州	3.96	0.64	105.2	6	0.1	1.6	13.6
云南	15.08	3.06	282.3	77	0.5	4.6	132.3
合计	108.16	15.88	1735.3	158	2.4	30.3	562.0
全国	395.03	65.22	3526.2	380	6.4	78.9	1060.5

(数据来源:气象统计年鉴(2018))

3.3.2 高温干旱

长江流域也是我国高温干旱多发常发地区。近100年来,随着全球气温的上升,长江流域年平均气温也出现明显增加的趋势,近10年的增温幅度更大,增温地区以长江中下游地区为主;而非暖期气温下降又会使长江流域面临干旱的威胁。近十几年来,长江流域年降水量减少了10%～12%,长江流域的干旱正在这种大的少雨气候背景下发生的。根据气候模式对中国未来气候变化预估模拟显示,未来20年,长江流域气温将有明显升高,幅度一般在0.5～0.8℃,以上游和下游的升温幅度更大。

2006年夏季,川渝地区严重的高温干旱造成了两地饮水困难人数达1887万人,农作物受旱面积320多万公顷,粮食减产500万吨左右。除了对农业造成巨大的经济损失外,也对电力、航运和居民日常生活都造成了不同程度的危害和影响。从2009年到2010年春季,云南、贵州和广西西北部发生了持续近8个月的严重干旱,受旱面积达约800万公顷。这次严重干旱不仅使云南、贵州和广西西北部大量农作物歉收或绝收,而且致使2500万人生活用水困难,造成了巨大经济损失(肖珂 等,2014)。

2013年夏季长江经济带出现明显高温热浪,上海、浙江、江西、湖南、重庆、贵州、湖北、安徽、江苏9省(市)平均高温日数达31天,较常年同期(14天)偏多1倍以上,为1951年以来同期最多;9省(市)平均最高气温34.4℃,为1951年以来同期最高(图3.13)。长江经济带各省均出现了气象干旱(中国气象局计划财务司,2014;中国气象局,2014),其中上中游干旱较重,贵州、重庆、湖南、江西多地还出现了重度干旱(图3.14)。

根据《中国气候公报》和《气象统计年鉴》统计,2014—2018年,长江经济带各省

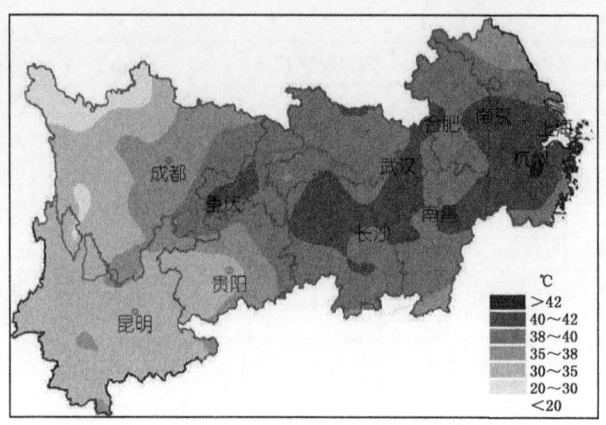

图 3.13　2013 年夏季长江经济带极端最高气温分布

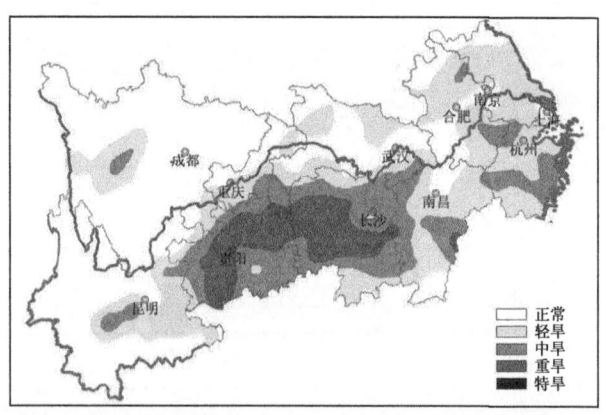

图 3.14　2013 年 8 月 15 日长江经济带气象干旱监测图

(市)气象干旱属偏轻年份,但区域性和阶段性干旱明显,仍有部分地区受灾严重。2016—2018 年长江经济带各省(市)气象干旱情况分别见表 3.6、表 3.7、表 3.8。

表 3.6　2016 年长江经济带各省(市)干旱灾害情况统计表

省(市)	农作物受灾情况		人口受灾情况		直接经济损失（亿元）
	受灾面积（万公顷）	绝收面积（万公顷）	受灾人口（万人）	饮水困难人口（万人）	
上海					
江苏	13.43		30.8		1.4
浙江					
安徽	17.95	1.76	111.4	1.6	14.2
江西	3.53	0.65	49.3	2.4	3.0

续表

省(市)	农作物受灾情况		人口受灾情况		直接经济损失(亿元)
	受灾面积(万公顷)	绝收面积(万公顷)	受灾人口(万人)	饮水困难人口(万人)	
湖北	34.19	3.90	164.7	38.4	14.1
湖南	1.16	0.04	1.9	1.5	1.1
重庆	4.72	0.55	68.3	12.5	4.7
四川	11.30	1.50	176.0	12.7	5.7
贵州	0.66	0.08	15.8	7.6	0.5
云南	4.77	0.19	3.5		0.1
合计	91.71	8.67	521.7	76.7	44.8
全国	987.27	101.83	3057.2	234.6	418.1

(数据来源:气象统计年鉴(2016))

表 3.7 2017 年长江经济带各省(市)干旱灾害情况统计表

省(市)	农作物受灾情况		人口受灾情况		直接经济损失(亿元)
	受灾面积(万公顷)	绝收面积(万公顷)	受灾人口(万人)	饮水困难人口(万人)	
上海					
江苏	3.73	0.39	13.1		0.37
浙江					
安徽	21.69	1.62	164.1		7.62
江西	4.12	0.25	46.0	1.6	2.26
湖北	62.67	3.43	439.6	9.7	20.80
湖南	22.20	1.74	208.4	17.7	19.51
重庆	7.96	0.26	64.7	13.1	2.58
四川	3.48	0.58	42.8	5.8	4.60
贵州	5.65	0.91	96.9	11.3	3.71
云南	10.20	0.49	101.8	14.0	4.45
合计	141.70	9.67	1177.4	73.2	65.90
全国	987.48	75.24	4717.0	281.2	374.97

(数据来源:气象统计年鉴(2017))

表 3.8 2018 年长江经济带各省(市)干旱灾害情况统计表

省(市)	农作物受灾情况		人口受灾情况		直接经济损失(亿元)
	受灾面积(万公顷)	绝收面积(万公顷)	受灾人口(万人)	饮水困难人口(万人)	
上海					
江苏	0.58	0.02	8.0		0.2
浙江					

续表

省(市)	农作物受灾情况		人口受灾情况		直接经济损失（亿元）
	受灾面积（万公顷）	绝收面积（万公顷）	受灾人口（万人）	饮水困难人口（万人）	
安徽					
江西	30.97	2.97	308.6	25.8	18.4
湖北	51.51	5.42	480.5	19.2	21.7
湖南	34.29	3.09	264.3	14.2	17.6
重庆	0.17	0.02	2.5	0.3	0.1
四川	9.87	0.78	113.5	9.4	2.7
贵州	13.22	2.43	175.2	15.3	9.9
云南					
合计	140.61	14.73	1352.6	84.2	70.6
全国	771.18	92.24	2742.7	121.7	255.3

（数据来源：气象统计年鉴(2018)）

3.3.3 连阴雨

长江经济带春季、秋季常常出现连阴雨，对这一区域的经济社会发展经常造成严重影响。

每年3—4月，受北方南下冷空气和热带海洋来的暖湿气流交汇的影响，长江中下游以及西南地区东部经常出现"倒春寒"和春季低温连阴雨天气。如1996年春季，我国江南、华南以及西南地区东部却出现了历史少见的低温阴雨天气，大部分地区3月中旬至4月中旬的平均气温偏低2~4℃。湖北省农作物受灾面积达130多万公顷，基本绝收5万公顷。江西省烂种烂秧384万公顷。四川省低温阴雨长达37天，全省粮食减产3.3亿千克，油菜减产1.5亿千克，直接经济损失达22亿元。云南大理州春播育秧及烤烟育苗受到低温冷害影响较大，受灾面积1.44万公顷；进入21世纪，连阴雨天气频发，其中2012年1—3月，江淮南部、江汉东部、江南和华南大部以及西南地区东部气温偏低1~4℃，降水日数达40~60天，持续低温、阴雨寡照致使设施农业和经济作物受灾较重，湖北2012—2015年连续4年春季出现连阴雨天气。

每年进入9月以后，我国西部地区常常出现的华西秋雨，主要影响区域在长江经济带西部区域，频繁南下的冷空气与滞留在长江上游流域的暖湿空气相遇，使锋面活动加剧而产生较长时间的阴雨，降雨量一般仅次于夏季，在水文上则表现为显著的秋汛。连阴雨对农业生产危害很大，可导致农作物产量和质量遭受严重影响（崔讲学，2011）。2013年长江上游出现明显的秋季连阴雨，四川、云南、重庆等省（市）不仅影响了秋收，还导致部分地区土壤过湿，蔬菜等播种困难（中国气象局，2014）。2014年西南地区、长江中下游地区出现了多阶段性阴雨寡照，部分农田出现湿渍害，冬小麦、油菜及露地蔬菜受到影响(中国气象局,2015)。但秋季连阴雨对长江上游水库蓄水意义重大,三峡工程水库蓄水期(9—11月)成功利用长江上游秋季来水,连续两年实现了175米蓄水目标。从1961—2012年长江上游流域连阴雨过程的逐年总日数来看,连阴雨总日数呈减少趋势,各年代间的波动变化较大,近年来在2008年连阴雨结束日期明显偏晚后,2009—2012年连阴雨结束时间又明显提前。

根据《中国气候公报》和《中国气象年鉴》统计,2013—2018年长江经济带低温连阴雨灾害均偏轻,但仍有部分地区受灾。如2015年,4月上旬,江淮东部、江汉及江南等地出现大幅降温,最大降温幅度有14~20℃,局部地区达20℃以上,湖北、江西、湖南和安徽等地极端最低气温在6℃以下。江汉南部和江南大部出现较大范围的倒春寒,部分早稻出现烂种烂秧,蔬菜、果树等遭受不同程度冻害。

3.3.4 雨雪冰冻

由雨凇、雾凇、冻结雪等天气现象所造成雨雪冰冻,全国范围内其出现次数贵州最多,其次是湖南(程庚福 等,1987),分别出现在长江上游和中游。冰冻强度从两个因素来看,一是一次冰冻持续时间的长短,二是冰冻的厚度。

2008年1月10日—2月2日,我国南方出现了1950年以来罕见的持续低温、雨雪、冰冻天气,对长江经济带全部11个省(市)均造成严重影响。灾害的突然出现,使得交通运输、能源供应、电力传输、农业及人民群众生活等方面一时间受到极为严重影响。此次灾害最终导致全国范围内1亿多人口受灾,直接经济损失达540多亿元。

根据《中国气候公报》和《气象统计年鉴》统计,2013—2017年,长江经济带各省(市)雨雪冰冻灾害均偏轻,但仍有部分地区受灾;2018年除上海外,长江经济带各省(市)均出现了不同程度的雨雪冰冻天气,其中下游安徽、中游湖北两省损失较重。2016—2018年长江经济带各省(市)低温冷冻灾害和雪灾情况分别见表3.9、表3.10、表3.11。

表 3.9 2016 年长江经济带各省(市)低温冷冻灾害和雪灾情况统计表

省(市)	农作物受灾情况		人口受灾情况		倒塌房屋(万间)	损坏房屋(万间)	直接经济损失(亿元)
	受灾面积(万公顷)	绝收面积(万公顷)	受灾人口(万人)	死亡人口(人)			
上海							
江苏	0.41	0.03	8.4				0.3
浙江	26.62	0.44	126.0				30.1
安徽	1.93	0.08	55.9				1.5
江西	29.08	0.67	4.7				0.3
湖北	49.22	0.51	43.1			0.3	4.3
湖南	17.33	0.49	36.6			0.1	0.4

续表

省(市)	农作物受灾情况		人口受灾情况		倒塌房屋（万间）	损坏房屋（万间）	直接经济损失（亿元）
	受灾面积（万公顷）	绝收面积（万公顷）	受灾人口（万人）	死亡人口（人）			
重庆	1.37	0.12	25.9	2			1.2
四川	8.72	0.91	132.9			0.2	5.5
贵州	1.19	0.02	21.4			0.1	0.8
云南	41.78	3.47	474.3			0.2	28.6
合计	177.65	6.74	929.2	2		0.9	73.0
全国	288.5	17.27	1399.4	3	0.7	2.0	178.6

(数据来源：气象统计年鉴(2016))

表 3.10　2017 年长江经济带各省(市)低温冷冻灾害和雪灾情况统计表

省(市)	农作物受灾情况		人口受灾情况		倒塌房屋（万间）	损坏房屋（万间）	直接经济损失（亿元）
	受灾面积（万公顷）	绝收面积（万公顷）	受灾人口（万人）	死亡人口（人）			
上海							
江苏							
浙江	0.11		0.3				0.08
安徽	0.01		1.5				0.18
江西							
湖北	7.67	0.05	7.4				0.26
湖南							
重庆							
四川	2.41	0.07	3.9				0.47
贵州	1.03	0.05	0.1				
云南	1.27	0.12	33.3				1.87
合计	12.50	0.29	46.5				2.86
全国	52.45	8.30	161.7			0.1	18.92

(数据来源：气象统计年鉴(2017))

表 3.11　2018 年长江经济带各省(市)低温冷冻灾害和雪灾情况统计表

省(市)	农作物受灾情况		人口受灾情况		倒塌房屋（万间）	损坏房屋（万间）	直接经济损失（亿元）
	受灾面积（万公顷）	绝收面积（万公顷）	受灾人口（万人）	死亡人口（人）			
上海							
江苏	1.67	0.02	23.0	1			9.2
浙江	11.92	0.02	37.8				18.5
安徽	26.69	1.12	251.3	19		0.3	69.7

续表

省（市）	农作物受灾情况		人口受灾情况		倒塌房屋（万间）	损坏房屋（万间）	直接经济损失（亿元）
	受灾面积（万公顷）	绝收面积（万公顷）	受灾人口（万人）	死亡人口（人）			
江西	3.46	0.17	54.8				4.3
湖北	39.47	2.05	328.1	2	0.1	0.3	37.5
湖南	15.54	1.59	201.4			0.1	19.2
重庆	0.48	0.01	11.8				1.2
四川	0.03	0.01	1.7				0.4
贵州	2.14	0.09	65.6				1.0
云南	7.02	0.63	96.4				4.9
合计	108.42	5.71	1071.9	22	0.1	0.7	165.9
全国	341.26	45.61	2495.3	23	0.1	0.8	434.0

（数据来源：气象统计年鉴（2018））

3.3.5 强对流天气

强对流天气是指雷暴、冰雹、龙卷风、雷雨大风和飑线等剧烈的天气现象。平均风力达 6 级或以上（即风速 10.8 米/秒以上），瞬时风力达 8 级或以上（风速大于 17.2 米/秒）的大风，对生活、生产会产生严重影响，大风除有时会造成少量人口伤亡、失踪外，主要破坏房屋、车辆、船舶、树木、农作物以及通信设施、电力设施等。

长江经济带地形复杂，冷暖空气交汇频繁，冷锋过境、动量下传、热力对流产生的地方性积雨云大风均常有发生。大风以春季最多，夏季较少。从地区分布看，总体上沿海多于内陆。常见的大风有冷锋后偏北大风、高压后部偏南大风、低压大风，以及台风大风和雷雨冰雹大风等（赫罗莫夫，1960）。长江经济带区域内存在 4 个大风日数多的地区：一是江浙沿海大风区，沿海岛屿大风日数多在 120 天以上；二是四川金沙江渡口以上地区，多年平均年大风日数达 100 余天，其中沱沱河多年平均年大风日数为 125 天，该大风区延伸到雅砻江的下游，大风日数从 100 余天减到 40 余天；三是湖南湘江大风区，多年平均年大风日数达 10~25 天；四是长江下游南京以上至鄱阳湖区的长江通道地区，多年平均年大风日数为 10~25 天。

据统计，仅 1996—2000 年浙江省受大风影响导致船沉人亡的事故就达 16 起，死亡 100 人。2015 年 6 月 1 日晚，江汉平原东南部、鄂东南、鄂东北出现强降水天气过程，局地伴有雷雨大风强对流天气，21 时左右，因恶劣天气和多种因素共同作用，"东方之星"号客轮在长江湖北监利段倾覆，事件造成 442 人死亡，为长江近 45 年来最严重的灾害性事件。

作为联合国公布的最严重的十种自然灾害之一，雷电灾害在长江经济带也多有发生。长江经济带所属的西南地区南部以及青藏高原中东部地区,是我国雷暴活动多发地,年雷暴日数在70天以上,其中云南的部分地区超过100天,相当于一年有接近1/3天数都有雷电活动。长江经济带其他地区大部为雷暴活动中等的地区,年雷暴日数在40~70天,江淮、黄淮、江汉的雷暴活动相对较少,年平均20~40天。雷电高发期为6—8月,其次为5月。雷电灾害发生的集中时段为每天13—21时,发生最突出的时段为15—17时。

2007年5月23日16时34分重庆市开县义和镇兴业村小学突遭雷击,造成7名小学生死亡,44名小学生受伤,其中5人重伤。2011年11月05日,贵州省铜仁梵净山风景名胜区金顶雷击事件导致30多人受伤,其中18名重伤者。2013年7月17日,湖北宜昌三峡坛子岭景区发生雷击,30多人被击倒,其中2人死亡,6人受伤。2014年7月11日安徽九华山景区2名游客遭雷击死亡。

根据《中国气候公报》和《气象统计年鉴》统计,长江经济带强对流天气2013—2014年相对偏少、灾害偏轻;2015年与近10年相比,强对流天气造成的受灾面积偏小,但死亡人数偏多,经济损失相对偏重;2016—2018年长江经济带各省(市)强对流天气灾害情况分别见表3.12、表3.13、表3.14,其中2016年强对流天气灾害损失较重,死亡人数较多。

表3.12 2016年长江经济带各省(市)大风、冰雹及雷电灾害情况统计表

省(市)	农作物受灾情况		人口受灾情况		倒塌房屋(万间)	损坏房屋(万间)	直接经济损失(亿元)
	受灾面积(万公顷)	绝收面积(万公顷)	受灾人口(万人)	死亡人口(人)			
上海				1			
江苏	4.01	0.21	136.4	101	1.9	6.6	114.2
浙江	0.04		1.0			0.1	0.1
安徽	3.52	0.01	42.8	1		0.5	2.1
江西	3.52	0.38	76.5	8	0.1	0.7	10.6
湖北	3.69	0.55	42.7	7		2.4	3.2
湖南	4.53	0.54	91.0	7	0.2	4.2	8.2
重庆	0.18	0.02	5.8	4		0.5	0.6
四川	7.17	1.29	101.6			3.7	10.0
贵州	11.11	1.85	232.2	8	0.1	11.4	11.0
云南	15.81	2.55	199.8	23	0.1	9.5	21.0
合计	53.58	7.40	929.8	167	2.5	39.6	181.0
全国	290.8	26.88	2728.1	251	3.5	67.8	463.9

(数据来源:气象统计年鉴(2016))

表 3.13 2017 年长江经济带各省(市)大风、冰雹及雷电灾害情况统计表

省(市)	农作物受灾情况		人口受灾情况		倒塌房屋(万间)	损坏房屋(万间)	直接经济损失(亿元)
	受灾面积(万公顷)	绝收面积(万公顷)	受灾人口(万人)	死亡人口(人)			
上海				1			
江苏	5.28	0.42	62.7	11	0.1	2.2	6.72
浙江	0.09	0.01	1.6			0.3	0.89
安徽	2.60	0.11	33.9	6		0.5	2.20
江西	0.53	0.02	6.5	4		0.6	0.78
湖北	4.10	0.56	59.7	1	0.1	1.0	11.27
湖南	0.55	0.12	9.1	10		0.6	1.35
重庆	0.79	0.10	22.0	4		0.5	1.27
四川	1.22	0.20	11.2	2		0.1	1.86
贵州	3.58	0.68	68.1	2		1.2	5.12
云南	6.54	1.30	83.4	4		0.8	9.56
合计	25.28	3.52	358.2	45	0.2	7.8	41.02
全国	226.81	22.52	1965.4	119	0.2	13.2	200.39

(数据来源:气象统计年鉴(2017))

表 3.14 2018 年长江经济带各省(市)大风、冰雹及雷电灾害情况统计表

省(市)	农作物受灾情况		人口受灾情况		倒塌房屋(万间)	损坏房屋(万间)	直接经济损失(亿元)
	受灾面积(万公顷)	绝收面积(万公顷)	受灾人口(万人)	死亡人口(人)			
上海				1			
江苏	9.94	0.28	71.5	7		0.6	4.7
浙江	0.34		5.2	2		1.1	2.4
安徽	3.69	0.05	43	2		0.3	1.6
江西	1.94	0.09	48.2	28	0.1	6.3	7.2
湖北	1.92	0.37	31.1	3		0.6	3.1
湖南	3.73	0.44	64.9	10		5.8	7.1
重庆	3.39	0.47	61.1	8	0.1	3.7	5.6
四川	2.73	0.15	41.2	3		1.5	1.8
贵州	9.83	2.47	161.4	5		3.7	14.6
云南	3.35	0.57	49.8	5		0.7	3.8
合计	40.86	4.89	577.4	74	0.3	24.3	51.9
全国	240.68	19.66	1493	126	0.3	29.8	168.5

(数据来源:气象统计年鉴(2018))

3.3.6 雾与霾

近年来,雾与霾天气的频发,对长江经济带所在区域交通的影响和危害以及造成的灾难达到了空前的程度,成为严重影响高速公路、航空和水运安全的重要因素。此外,连续的雾与霾天气,对人民群众身体健康、生产生活和生态环境带来严重破坏。

2000年11月下旬,我国中东部出现了影响范围较大、持续时间长的大雾天气,12月,在西南地区东部、江南、江淮地区及陕、鄂、湘等地多次大雾笼罩。2011年"雾霾天气频繁,预警不断"主题入选"中国十大天气气候事件",雾与霾天气引起公众广泛关注。2012年6月11—12日和15日湖北东部出现了严重的雾霾天气,邻省秸秆燃烧造成的污染物随气流输送造成能见度下降成为各地关注的话题。2013年1月中国东部地区出现了多次严重的雾与霾天气,并伴有严重的空气污染,其中江苏省13—14日全省大部分地区能见度低于0.5千米,持续的雾/霾天气对高速公路、航空、水上交通等运输造成较大影响,1月14日凌晨,江苏大部分高速公路封闭,90多趟长途班车晚点,158班车次被迫停开;京杭运河苏北段封航,长江汽渡实施交通管制,停止摆渡,500余艘船舶滞留;机场航班大面积延误。同时对公众健康也造成严重影响,1月13—14日儿童咳嗽、哮喘的就诊量是过去同期的2倍,呼吸道门诊人数比平时多10%～20%,呼吸科的病人也增加了3～5成。

根据《中国气候公报》统计,2013—2015年长江经济带雾与霾日数较多,特别是2013、2014年雾与霾明显多于往年。从2013年《中国气候公报》来看,长江经济带雾与霾均呈多中心分布(中国气象局,2014),总体来看,长江上游云南南部和成都—重庆一带、中游湖南大部和鄂东—赣北及下游大部,为雾与霾多发区(图3.15、图3.16)。

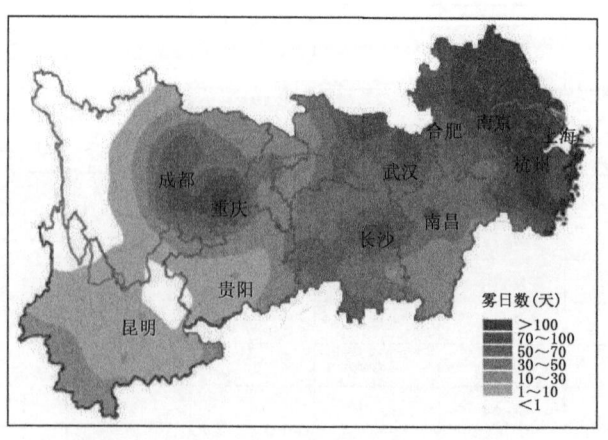

图 3.15 2013年长江经济带雾日数分布图

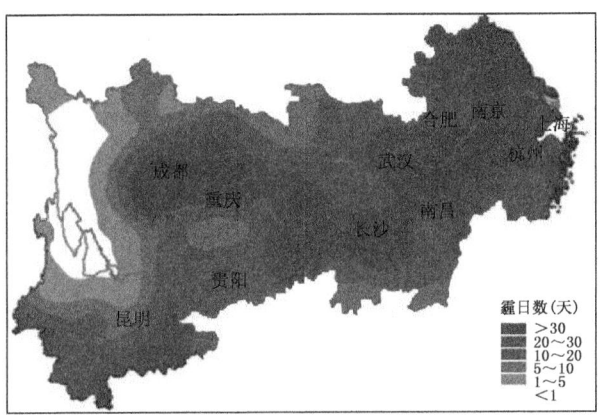

图 3.16 2013 年长江经济带霾日数分布图(见彩插)

第 4 章　长江经济带气象高影响行业现状

保障长江经济带交通安全运行和水资源科学合理开发利用,是气象服务长江经济带的重点领域。做好长江经济带气象保障服务必须全面了解和把握长江经济带气象高影响行业的现状,从而有针对性地做好气象保障服务工作。

4.1　交通现状

经济发展,交通先行。在建设长江经济带的进程中,以沿江重要港口为节点和枢纽,统筹推进水运、铁运、陆运、空运等集疏运体系建设,打造综合立体交通走廊,将成为重要的推动力量。

4.1.1　交通概况

2014 年 3 月,"依托黄金水道,建设长江经济带"被正式写入国务院政府工作报告。2014 年 9 月,国务院《关于依托黄金水道推动长江经济带发展的指导意见》正式发布,明确建成安全便捷、绿色低碳的综合立体交通走廊。为统筹长江经济带交通基础设施建设,完善综合交通运输体系,我国还编制了《长江经济带综合立体交通走廊规划(2014—2020 年)》。3 年多来,长江航道畅通、枢纽互通、江海联通的捷报频传(马志刚 等,2016)。

(1)在长江上游,地处西南内陆、不沿边不靠海的重庆,以铁、水、空运三大枢纽、三大口岸和三个保税区为载体,构建覆盖全市的对外开放平台体系,2015 年上半年进出口总额和跨境人民币结算规模都居中西部首位。

(2)在长江中游,湖北荆江河段航道整治工程进入试运行,枯水期最小维护水深提高至 3.5 米以上,可满足万吨级船队和 3000 吨级货船双向通航。中游通则长江畅,长江中游航运瓶颈被初步打通。

(3)在长江下游,海铁联运、江海联运战略让宁波港焕发新生。来自江西上饶、安徽合肥等地的货运班列抵达后,可就地完成装卸,从宁波出海,驶往东南亚、欧洲、非洲。长江南京以下 12.5 米深水航道二期工程已经开工,今后,长江口航道满足第四代集装箱船全天候双向通航和 10 万吨级散货船满载乘潮通航,同时兼顾第五、第六代大型远洋集装箱船和20万吨级减载散货船乘潮通航。

长江经济带综合立体交通走廊建设正在有序推进。2016年3月1日,长江中游城市群省会城市第四届会商会就2016年重点合作事项形成《南昌行动》。南昌、武汉、长沙、合肥四省会城市,将共同打通长江中游城市群水、陆、空交通大通道,推进交通一体化。《南昌行动》议定:在水路交通方面,将推进长江中游航道改造整治工程,实现内河水运通江达海,包括长江武汉至安庆(含九江段)6米航道、长江武汉至宜昌4.5米航道;实施湘江、汉江、赣江、合裕线、兆西河、江淮运河等航道升级改造工程。在公路交通方面,协调推进区域内高速公路建设和国道建设(魏本貌,2016)。

2013年9月,国家发展和改革委员会同交通运输部启动了《依托长江建设中国经济新支撑带指导意见》的编制工作。指导意见提出:在公路方面,初步计划以上海至成都、上海至重庆、上海至昆明、杭州至瑞丽4条横贯东西和15条连接南北的国家高速公路为重点,建成连通重点经济区、中心城市、主要港口和重要边境口岸的高速公路网络。大力提高国省干线公路技术等级和服务水平,二级及以上公路比重达到75%以上。特别是2015年12月交通运输部印发了《关于推进长江航运科学发展的若干意见》(以下简称《若干意见》),从7个方面部署了"十三五"乃至更长一个时期推进长江航运科学发展的主要工作,提出建成平安、畅通、高效、绿色的现代长江航运体系,有力支撑长江经济带发展。《若干意见》主要内容如下。

(1)在提升航道通过能力方面,提出修编《长江干线航道发展规划》,合理确定干线航道标准尺度,实现长江干线航道高标准贯通;积极推进支线航道整治和梯级渠化,加快推进支线与干线航道紧密联通,推进支线高等级航道建设;加快航道养护配套设施设备建设,探索市场化航道养护能力和技术水平,基本建成长江水系1.14万千米高等级航道。

(2)在推进港口转型升级方面,开展区域港口一体化改革试点,推进港口专业化和集约化发展,加强港口资源整合;鼓励大型港行企业以资本、技术、管理等为纽带,推进跨区域兼并、重组或联盟合作,加强港口间分工协作和运营联合,实现优势互补,形成上、中、下游港口良性互动发展新格局;加强港区规划与产业发展规划和城市总体规划的有效衔接,进一步发挥港口对城市发展的辐射带动作用。

(3)在航运结构调整方面,继续实施船型标准化,完善内河运输船舶标准船型指标体系动态调整机制,严禁新建不达标船舶进入市场,实现长江干线船型标准化率达85%以上;推动航运企业规模化发展,支持航运企业兼并重组,促进港行企业与铁路、公路、航空运输企业深化合作,培育多式联运经营主体;要建设专业化船员队伍,加快航运中心建设,推进"互联网+航运"发展。

(4)在加强安全管理方面,坚持"完善制度、强化责任、加强管理、严格监管",推进实施"平安长江"工程,夯实安全基础,健全完善安全管理体系,积极构建政府、企业、共治的格局,完善应急救助体系,提升长江航运安全管理水平和保障能力。

(5)在推进绿色发展方面,推进实施"美丽长江"工程,实施严格的长江水系船舶排放控制,全面推进船舶与港口污染防治;强化节能技术和清洁能源;推进生态航道建设,提高疏浚施工、吹填水平,促进航道维护和航道工程疏浚土综合有益利用。

(6)在完善管理体制机制方面,提出推进长江航运行政管理体制改革,推进长江航道局逐步实现政事企分开、长江海事局政事分开,理顺长江通信和长江引航管理体制;推动建立长江经济带航运发展部省联席会议制度,协调解决重大问题;整合航道、海事、通信等执法职能,建立长江航运综合执法体制;发挥长江航务管理局的统筹作用。

(7)在形成发展合力方面,提出要深入推进简政放权,减轻企业负担,激发市场活力,构建统一开放、竞争有序的航运市场;完善法规标准体系,加大财政资金投入,确保政策落地。

但从长江经济带交通总体情况分析,伴随着长江经济带建设工作的推进,在各项有利因素凸显的同时,各种不利因素也接踵而来,主要表现如下。

(1)长江经济带的交通网不可谓不密,水路、铁路、公路、民航、管道等多种运输方式也不可谓不发达,但与长江经济带肩负的潜力和被赋予的使命相比,还有很长的路要走(马志刚 等,2016)。

(2)由于行政壁垒、交通瓶颈等原因,目前长江经济带若干城市群、经济板块紧密度差,整体协调度不够、效率难以发挥(崔丽媛,2014)。

(3)航运潜能尚未充分发挥,高等级航道比重不高,高效集疏运体系尚未形成;东西向公路运输能力不足,南北向通道能力紧张,向西开放的国际通道能力薄弱(王凌云,2017)。

(4)物流体系不健全,物流成本过高;网络结构不完善,覆盖广度不够,通达深度不足;各种运输方式没能有效配合,铁水、公水、空铁尚未实现有效衔接(马志刚 等,2016)等。这些问题若得不到很好的解决,势必会影响长江经济带的发展。

4.1.2 水运现状

水路运输(即水运)是使用船舶运送客货的一种运输方式,主要承载大数量、长距离的运输,是在干线运输中起主力作用的运输方式。长江内河航道通航里程9.47万千米,占全国内河航道总里程的70%以上。长江干支流航道与京杭运河共同组成中国最大的内河水运网(图4.1)。其中干流通航里程2713千米,上起四川宜宾,下至长江口(云南维西至宜宾825千米河段尚可分段通航)。长江支流航道700余条,主要支航50余条,以下游的太湖水系最为发达。长江干支流水运中心为重庆、武汉、长沙、南昌、芜湖和上海6大港口。与世界各国比,长江水系通航里程居世界之首。

长江水运货运量为世界内河货运量第一,是世界上最繁忙的通航河流。2011年初,国务院出台《关于加快长江等内河水运发展的意见》,长江水运上升为国家战略。

第4章 长江经济带气象高影响行业现状

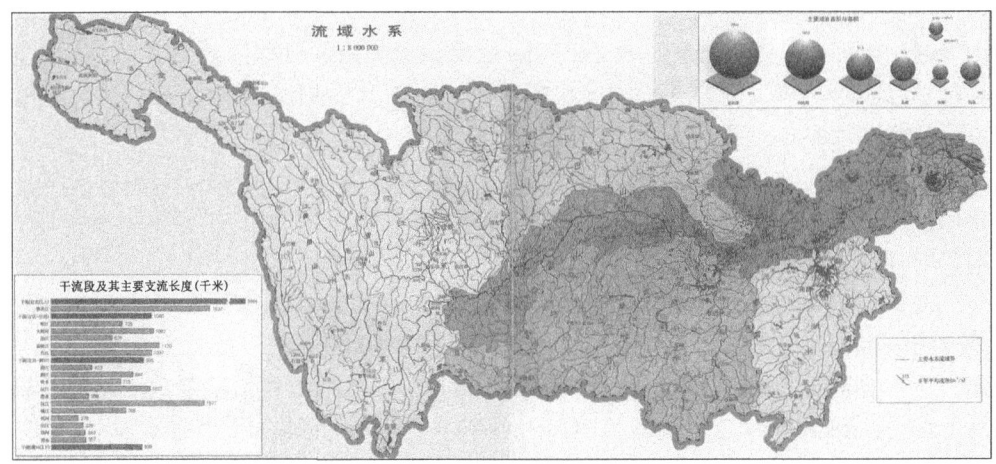

图 4.1　长江水系图（见彩插）
（来源：百度百科）

随着长江水运与沿江经济不断互动与融合，产业沿江布局潮不断涌现。长江沿岸聚集了全国500强企业的近200家，形成了"钢铁走廊""石油化工走廊""汽车工业走廊""电力工业走廊"及农业经济产业带，成为全球重要的制造业基地之一（雷海，2011）。

长江属天然河流，干线航道流经云南、四川、重庆、湖南、湖北、江西、安徽、江苏、上海七省二市，是我国穿越东、中、西部地区的水路运输大通道。长江黄金水道从上游开始途经成渝经济区、长江中游城市群和长三角城市群，而且还与京沪、京九、京广、皖赣、焦柳等铁路干线交汇，承东启西，接南济北，通江达海。通过近年的航道整治及开发航道资源，促进了航运发展，长江干线航道货运量于2005年超过美国的密西西比河和欧洲的莱茵河，已成为世界上运量最大、运输最繁忙的通航河流。在航道系统方面，以长江干线和京杭运河为主轴，主要支流航道为骨架，加强支线航道建设，基本建成干支衔接、江海直达的高等级长江水系航道网。在布局方面，长江水系主要港口布局以流域性航运物流枢纽的上海、南京、武汉、重庆为中心，以其他主要港口为重点，形成长江港口主骨架，并辐射地区重要港口（孟鑫，2015）。

（1）水运规划建设管理

2016年，根据交通运输部印发的《关于开展长江干线航道发展规划修编工作的通知》，长江航务管理局组织启动长江干线航道发展规划修编工作，继续按照"深下游、畅中游、延上游、通支流"的总体思路，加快推进重点在建项目、稳步实施新开工项目，进一步浚深上延下游深水航道、整治畅通中游航道、提高上游航道等级，并提升上、中、下游航道尺度衔接畅通水平（长江年鉴编纂委员会，2017）。

水富至宜宾段。根据四川省发展和改革委员会2015年正式批复的《关于长江干线(水富—宜宾段)航道整治工程项目建设书》,工程建设范围为向家坝升船机下引航道口门区至宜宾合江门,全长 30.80 千米;建设标准按内河Ⅲ级航道建设(航道尺寸 2.70 米×60 米×560 米);建设内容包括对牛皮滩等 14 个滩进行整治,对航标、信号台等设施进行配套。

宜宾至重庆段。加快推进宜宾至重庆段"Ⅲ升Ⅱ"航道等级提升工程,启动项目全部前期工作,完成东溪口水道、羊石盘至上百沙河段、江津至胜中坝河段整治工程的工程可行性研究报告,并进入审批阶段。

重庆至宜昌段。开展重庆主城至涪陵 4.50 米水深航道建设研究工作。开工建设九龙坡至朝天门河段航道整治工程,启动涪陵到朝天门航道整治二期工程前期工作。三峡与葛洲坝间通航水域启动大沙坝至南津关河段航道整治工程等 6 个项目前期工作,并完成两坝间莲沱段航道整治工程等 4 个项目的工程可行性研究批复。"三峡枢纽水运新通道"项目列入国家发展和改革委员会《交通基础设施重大工程建设三年行动计划》2017 年重点推进项目;为配合国务院三峡办组织开展的三峡枢纽水运新通道预可行性研究工作,长江航运有关科研单位开展三峡枢纽水运新通道预可行性研究阶段航运关键技术研究及其比较研究工作。

宜昌至安庆段。武汉至安庆段 6 米水深航道整治工程预可行性研究通过交通运输部审查并上报,国家发展和改革委员会联合交通运输部向国务院申请该项目直接开展工程可行性研究阶段工作;截至 2016 年底,该项目工程可行性研究报告完成编制工作。荆江河段二期、宜昌至昌门溪河段二期、蕲春水道、新洲至九江河段二期等航道整治工程完成工程可行性研究,其中蕲春水道航道整治工程可行性研究通过交通运输部审查。宜昌至昌门溪河段一期、鲤鱼山水道、赤壁至潘家湾河段燕子窝水道等 3 个航道整治工程完成交工验收,并投入试运行。戴家洲河段二期、武桥水道、新洲至九江河段等 3 个航道整治工程完成竣工验收。界牌河段二期、杨林岩水道等 2 个航道整治工程通过竣工环境保护验收。荆江航道整治工程(昌门溪至熊金洲段航道整治工程)的主体工程于 2015 年 12 月竣工验收后通过为期一年的试运行,效果良好。

安庆至南京段。长江下游安庆至南京段马当南水道航道整治工程完成竣工验收。东北水道、江心洲河段、黑沙洲河段二期、安庆水道二期等 4 个航道整治工程连续开工建设。土桥二期、芜裕河段航道整治工程完成工程可行性研究。

南京至长江口段。2016 年 7 月 5 日 0 时,长江南京以下 12.5 米深水航道二期工程实现处通阶段性目标。12.5 米深水航道初步贯通至南京,对船舶试行开放,南京至长江出海口可全程通航 5 万吨级及以上船舶。截至 2016 年底,长江口深水航道治理工程累计建成 12.5 米深水航道 125.2 米、整治建筑物 187.46 千米,其中,长江口深水航道长 92.2 千米、底宽 350~400 米,向上延伸段长 33 千米、底宽 350~460 米(表 4.1)。

表 4.1 长江口深水航道建设工程情况表

项目	堤坝长度(千米)	航道里程(千米)	水深(米)	养护开始时间
一期工程	75.11	51.77	8.50	2001年7月
二期工程	66.37	74.47	10.00	2006年5月
三期工程	27.68	92.20	12.50	2011年5月
南北港分汊口工程	11.00	—	—	2012年5月
12.5米向上延伸工程	2.70	33.00	12.50	2013年1月
南槽航道疏浚工程	—	—	5.50	2015年1月
南坝田挡沙堤加高工程(新建堤段)	4.60	—	—	—
合计	187.46	251.44	—	—

(数据来源:长江年鉴(2017))

(2)干线航运企业

截至2016年底,长江经济带的各省(市)拥有内河普通货船运输企业2918家,其中从事长江省际水路运输企业达到2757家;拥有省级水路旅客运输实体23家、液货危险品运输企业197家、滚装船运输企业11家(长江年鉴编纂委员会,2018)。

(3)干线水运经济

旅客运输。2016年长江经济带各省(市)完成水路运输客运量1.52亿人、旅客周转量29.5亿人·千米,较2015年分别减少3.8%和11.09%,分别占全国水路运输客运量和旅客周转量的55.88%和40.76%。其中,完成内河水路运输客运量1.18亿人、旅客周转量23.49亿人·千米(表4.2)。

表 4.2　2016年长江经济带各省(市)水路旅客运输量表

省(市)	客运量(万人)				旅客周转量(万人·千米)			
	总计	内河	沿海	海洋	总计	内河	沿海	海洋
上海	404.2	0.0	403.8	0.4	7058.4	0.0	6495.3	563.2
江苏	2272.1	2266.6	0.0	5.5	23920.7	19609.4	0.0	4311.4
浙江	6949.9	1018.2	2931.7	0.0	58354.4	9600.5	48753.9	0.0
安徽	213.0	213.0	0.0	0.0	4055.0	4055.0	0.0	0.0
江西	261.3	261.3	0.0	0.0	3410.0	3410.0	0.0	0.0
湖北	572.2	572.2	0.0	0.0	33503.9	33503.9	0.0	0.0
湖南	1614.8	1614.8	0.0	0.0	32239.0	32239.0	0.0	0.0
重庆	750.0	750.0	0.0	0.0	51000.6	51000.6	0.0	0.0
四川	2573.5	2573.5	0.0	0.0	24339.6	24339.6	0.0	0.0
贵州	1308.0	1308.0	0.0	0.0	30104.0	30104.0	0.0	0.0
云南	1255.0	1255.0	0.0	0.0	27035.0	27035.0	0.0	0.0
合计	15174.0	11832.6	3335.5	5.9	295020.6	234897.0	55279.2	4874.6

(数据来源:长江年鉴(2017))

货物运输。2016年长江经济带各省(市)完成水路运输货物量41.32亿吨、货物周转量4.31亿吨·千米,较2015年分别增长1.87%和减少0.82%,分别占全国水路运输货运量和货物周转量的64.80%和44.30%。按航行区域分,完成内河运输货运量27.61亿吨、货物周转量1.18亿吨·千米;完成沿海运输货运量11.04亿吨、货物周转量1.27亿吨·千米;完成远洋运输货运量2.67亿吨、货物周转量1.86亿吨·千米(表4.3)。

表4.3 2016年长江经济带各省(市)水路货物运输量表

省(市)	货运量(万吨)				货物周转量(亿吨·千米)			
	总计	内河	沿海	海洋	总计	内河	沿海	海洋
上海	48786.7	2254.0	27620.4	18912.3	19025.6	40.0	3512.2	15473.4
江苏	79314.0	56656.0	18016.0	4642.0	5224.6	1863.7	1974.4	1386.5
浙江	77646.3	20134.1	54663.6	2848.7	7950.6	293.6	6187.6	1469.4
安徽	110776.0	110774.0	4002.0	0.0	5261.0	4872.4	388.6	0.0
江西	10888.8	10498.1	390.7	0.0	235.3	184.0	51.3	0.0
湖北	35715.8	29897.8	5728.0	90.0	2680.3	2040.8	600.7	38.8
湖南	23444.6	23311.9	0.0	132.7	619.5	398.2	0.0	221.3
重庆	16648.5	16558.9	0.0	89.6	1876.1	1872.8	0.0	3.3
四川	8130.6	8130.6	0.0	0.0	222.7	227.0	0.0	0.0
贵州	1191.0	1191.0	0.0	0.0	34.8	34.8	0.0	0.0
云南	646.0	646.0	0.0	0.0	15.2	15.2	0.0	0.0
合计	413188.3	276052.4	110420.7	26715.3	43145.7	11842.5	12714.8	18592.7

(数据来源:长江年鉴(2017))

2016年长江经济带各省(市)完成水路运输集装箱运量3502.90万TEU[①]、货运量4.18亿吨,较2015年分别增长33.12%和21.87%,其中,完成远洋运输集装箱运量97万TEU、货运量1216.80万吨(表4.4)。

表4.4 2016年长江经济带各省(市)水路集装箱运输量表

省(市)	集装箱运量(万TEU)	远洋	集装箱货运量(万吨)	远洋
上海	2342.6	65.2	28746.3	838.4
江苏	499.3	7.3	4702.7	53.6
浙江	322.2	24.5	4777.7	324.8
安徽	214.9	0.0	1922.1	0.0
江西	6.4	0.0	73.0	0.0

---

① TEU(Twenty-feet Equivalent Unit)的缩写。是以长度为20英尺的集装箱为国际计算单位,也称国际标准箱单位。通常用来表示船舶装载集装箱的能力,也是集装箱和港口吞吐量的重要统计、换算单位。

续表

省(市)	集装箱运量 (万 TEU)	远洋	集装箱货运量 (万吨)	远洋
湖北	9.1	0.0	91.4	0.0
湖南	27.4	0.0	389.7	0.0
重庆	78.7	0.0	1036.9	0.0
四川	2.2	0.0	51.0	0.0
贵州	0.0	0.0	0.0	0.0
云南	0.1	0.0	2.2	0.0
合计	3502.9	97.0	41793.0	1216.8

(数据来源:长江年鉴(2017))

(4)干线船舶运力

水路运输船舶运力。截至2016年底,长江经济带各省(市)拥有水路运输船舶11.42万艘,较2015年减少4.27%,占全国水路运输船舶的71.38%;净载重量1.71亿吨,同比增长1.79%;载客量50.16万客位,同比减少5.57%;集装箱箱位1415601.83万TEU,同比减少22.95%;船舶功率4547.50万千瓦,同比减少5.98%。其中,机动船10.48万艘,同比减少4.29%;驳船9343艘,同比减少4.07%(表4.5)。

表4.5 2016年长江经济带各省(市)水路运输船舶运力状况表

省(市)	船舶数 (艘)	机动船 (艘)	驳船 (艘)	载客量 (客位)	净载重量 (吨位)	标准箱位 (TEU)	总功率 (千瓦)
上海	1472	1450	22	39330	3191.5	1092767	1103.3
江苏	41353	34888	6465	50957	4459.1	82087	1040.0
浙江	15971	15904	67	85514	2585.3	26888	653.7
安徽	28847	27580	1267	14396	4697.2	96701	1083.9
江西	3293	3284	9	12276	223.3	3127	72.3
湖北	4010	3857	153	45012	755.8	3718	216.6
湖南	66167	5910	257	70196	415.4	4884	142.7
重庆	3368	3323	45	56378	641.9	99977	157.3
四川	7265	6216	1049	77272	122.1	545.3	56.1
贵州	1339	1332	7	25860	11.1	0	10.1
云南	1092	1090	2	24365	13.3	0	11.5
合计	114177	104834	9343	501556	17116.0	1415602	4547.5

(数据来源:长江年鉴(2017))

水路旅客运输船舶运力。截至2016年底,长江经济带各省(市)拥有水路旅客运输船舶(包括客船、客货船,不含客运驳船)艘数和载客量分别为1.08万艘、49.83万客位,较2015年分别减少7.69%、6.16%。其中,内河旅客运输船舶艘数和载客量分别为1.06万艘、45.47万客位,同比分别减少7.83%、7.47%;沿海旅客运输船舶艘数和载客量分别为187艘、4.32万客位;远洋旅客运输船舶艘数和载客量分别为1艘、316客位(表4.6)。

表4.6 2016年长江经济带各省(市)水路旅客运输船舶运力状况表

省(市)	总计		内河		沿海		远洋	
	船舶数(艘)	载客量(客位)	船舶数(艘)	载客量(客位)	船舶数(艘)	载客量(客位)	船舶数(艘)	载客量(客位)
上海	119	39330	114	37171	4	1843	1	316
江苏	392	50957	390	50857	2	100	0	0
浙江	1343	85514	1162	44236	181	41278	0	0
安徽	518	14396	518	14396	0	0	0	0
江西	311	12276	311	12276	0	0	0	0
湖北	627	45012	627	45012	0	0	0	0
湖南	2233	68198	2233	68198	0	0	0	0
重庆	910	55090	910	55090	0	0	0	0
四川	2482	77272	2482	77272	0	0	0	0
贵州	921	25960	921	25860	0	0	0	0
云南	920	24365	920	24365	0	0	0	0
合计	10776	498270	10588	454733	187	43221	1	316

注:水路旅客运输船舶包括客船、客货船,不含客运驳船。
(数据来源:长江年鉴(2017))

水路货物运输船舶运力。截至2016年底,长江经济带各省(市)拥有水路货物运输船舶(包括货船、驳船)艘数和净载重量分别为10.17万艘、1.71亿吨,较2015年分别减少0.39%和增加6.75%,船舶平均吨位为1681.26吨/艘。其中,内河货物运输船舶艘数和净载重量分别为9.58万艘、1.02亿吨,同比分别减少0.21%和增加6.75%,船舶平均吨位突破1000吨,达到1062.49吨/艘;沿海货物运输船舶艘数和净载重量分别为5444艘、4122.42万吨,船舶平均吨位为7572.41吨/艘;远洋货物运输船舶艘数和净载重量分别为448艘、2797.81万吨,船舶平均吨位为6.25万吨/艘(表4.7)。

表 4.7　2016 年长江经济带各省(市)水路货物运输船舶运力状况表

省(市)	总计		内河		沿海		远洋	
	船舶数(艘)	净载重量(万吨)	船舶数(艘)	净载重量(万吨)	船舶数(艘)	净载重量(万吨)	船舶数(艘)	净载重量(万吨)
上海	1318	3185.0	500	39.0	521	1075.8	297	2070.2
江苏	39839	4454.6	38456	3232.3	1277	821.3	106	401.0
浙江	14564	2584.3	11595	451.2	2929	1830.6	40	302.5
安徽	28183	4696.6	27712	4481.6	471	215.0	0	0
江西	2980	223.3	2940	204.5	40	18.7	0	0
湖北	3287	755.8	3103	597.4	184	158.4	0	0
湖南	3918	415.4	3893	391.0	22	2.6	3	21.8
重庆	2434	641.8	2432	639.5	0	0	2	2.3
四川	4612	122.1	4612	122.1	0	0	0	0
贵州	418	11.0	418	11.1	0	0	0	0
云南	169	12.2	169	12.2	0	0	0	0
合计	101722	17102.1	95830	10181.9	5444	4122.4	448	2797.8

注:水路货物运输船舶包括货船、驳船。
(数据来源:长江年鉴(2017))

截至 2016 年底,长江经济带各省(市)拥有水路集装箱运输船舶(仅统计机动集装箱运输船舶,不包含驳船)艘数和标准箱位分别为 657 艘、60.12 万 TEU,较 2015 年分别下降 22.25% 和 63.56%;平均箱位为 915.14 标准箱/艘,同比下降 53.14%;净载重量为 721 万吨,总功率为 409.24 万千瓦。其中,内河集装箱运输船舶艘数和标准箱位分别为 361 艘、5.57 万 TEU,同比分别增加 10.74% 和 23.78%;平均箱位为 154.35 标准箱/艘,同比增长 12.66%;净载重量为 92.42 万吨,总功率为 24.06 万千瓦(表 4.8)。

表 4.8　2016 年长江经济带各省(市)水路集装箱运输船舶运力状况表

省(市)	船舶数(艘)	内河	标准箱位(TEU)	内河	净载重量(吨)	内河	总功率(千瓦)	内河
上海	321	63	477832	6252	5341794	101810	3461327	36170
江苏	118	48	40641	6409	580944	115883	211208	31229
浙江	122	87	25003	3987	440269	100372	183639	28181
安徽	60	32	22319	5530	308605	93649	109773	25545
江西	1	1	94	94	1691	1691	660	660
湖北	16	13	3718	2299	64783	45614	15925	10467
湖南	14	12	2833	2343	43317	36614	10164	8737
重庆	84	84	26071	26071	370792	370972	86222	86222
四川	21	21	2734	2734	57762	57762	13432	13432
贵州								
云南								
合计	657	361	601245	55719	7209957	924187	4092350	240643

注:仅统计机动集装箱运输船舶,不包含驳船。
(数据来源:长江年鉴(2017))

(5)港口经济

港口旅客吞吐量。2016年,长江经济带各省(市)港口完成旅客吞吐量9653.80万人,较2015年增长4.75%,占全国港口旅客吞吐量的52.24%。其中,云南省完成1373.80万人,贵州省完成3019.10万人,四川省完成1225.80万人,重庆市完成745.00万人,上游地区合计完成6363.70万人,同比增长4.92%,占长江经济带全部港口旅客吞吐量的65.92%;湖北省完成347.90万人,湖南省完成1425.60万人,江西省完成323.30万人,中游地区合计完成2093.80万人,同比增长0.44%,占长江经济带全部港口旅客吞吐量的21.72%;安徽省完成64.30万人,江苏省完成4.90万人,浙江省完成780.00万人,上海市完成344.10万人,下游地区合计完成1193.30万人,同比增长12.27%,占长江经济带全部港口旅客吞吐量的12.36%。

长江干线港口全年完成旅客吞吐量652.90万人,主要集中在重庆至宜昌航线,同比下降7.09%。云南省完成66.90万人,其中出港33.40万人;重庆市完成366.80万人,其中出港187.70万人;湖北省完成194.90万人,其中出港134.60万人;江西省完成24.30万人,其中出港11.40万人。

内河港口与沿海港口旅客吞吐量。2016年,长江经济带各省(市)内河港口完成旅客吞吐量8638.70万人,较2015年增长4.25%,占全国内河港口旅客吞吐量的83.78%;沿海港口完成旅客吞吐量1015.10万人。其中,上中游7个省(市)与下游安徽省的全年港口旅客吞吐量均由内河港口完成,云南省为1373.80万人,贵州省为3019.10万人,四川省为1225.80万人,重庆市为745.00万人,湖北省为347.90万人,湖南省为1425.60万人,江西省为323.30万人,安徽省为64.30万人;浙江省内河港口完成旅客吞吐量113.90万人,沿海港口完成旅客吞吐量666.10万人;江苏省、上海市全年港口旅客吞吐量均由沿海港口完成,分别为4.90万人、344.10万人。

港口货物吞吐量。2016年,长江经济带各省(市)港口完成货物吞吐量63.10亿吨,较2015年增长2.94%,占全国港口货物吞吐量的47.83%。其中,完成外贸货物吞吐量13.29亿吨,同比增长5.48%,占全国港口外贸货物吞吐量的34.52%;集装箱货物吞吐量8274.00万TEU,同比增长3.21%,占全国港口集装箱吞吐量的37.68%;汽车滚装吞吐量541.40万辆,同比增长1.33%(表4.9)。

表4.9 2016年长江经济带各省(市)港口货物吞吐量表

省(市)	货物吞吐量			集装箱吞吐量				汽车滚装吞吐量(万辆)
	总计(万吨)	外贸	出港(万吨)	外贸	箱数(万TEU)	重量(万吨)	货重	
上海	70176.6	38112.3	29881.6	17756.0	3713.3	36736.2	29602.2	129.5
江苏	241486.9	44780.0	86828.9	9665.4	1629.3	19162.3	15872.6	7.9
浙江	140866.0	45708.1	54395.9	12641.3	2398.8	24821.4	19865.3	238.4

续表

省(市)	货物吞吐量			集装箱吞吐量				汽车滚装吞吐量（万辆）
	总计（万吨）	外贸	出港（万吨）	外贸	箱数（万TEU）	重量（万吨）	货重	
安徽	51917.4	1619.5	28575.0	307.4	114.8	899.4	691.6	14.1
江西	31075.1	447.3	16534.2	268.0	38.8	567.5	489.9	0.0
湖北	35191.9	1310.3	16347.3	570.0	141.6	1979.0	1692.5	72.2
湖南	31678.0	411.9	14674.4	232.6	42.0	503.5	418.6	0.0
重庆	17372.0	551.5	7335.4	302.5	115.2	1406.6	1166.3	79.3
四川	9477.0	64.6	3336.3	26.2	80.2	1069.3	899.4	0.0
贵州	966.5	0.0	731.2	0.0	0.0	0.0	0.0	0.0
云南	816.1	35.7	441.9	9.6	0.3	3.0	2.2	0.0
合计	631023.5	132941.2	259082.0	41779.0	8274.0	87148.2	70700.6	541.4

（数据来源：长江年鉴（2017））

内河港口货物吞吐量。2016年，长江经济带各省（市）内河港口完成货物吞吐量42.43亿吨，较2015年增长3.26%，占全国内河港口货物吞吐量的89.38%。其中，外贸货物吞吐量3.60万吨，同比增长11.11%，占全国内河港口外贸货物吞吐量的90.45%；集装箱货物吞吐量1708.40万TEU，同比增长7.58%，占全国港内河口集装箱吞吐量的70.80%；汽车滚装吞吐量173.20万辆，同比增长10.51%（表4.10）。

从区域来看，上游地区内河港口完成货物吞吐量2.86亿吨，同比增长4.76%，占长江经济带全部内河港口货物吞吐量的6.75%；中游地区内河港口完成货物吞吐量9.79亿吨，同比增长3.38%，占长江经济带全部内河港口货物吞吐量的23.08%；下游地区内河港口完成货物吞吐量29.77亿吨，同比增长3.01%，占长江经济带全部内河港口货物吞吐量的70.17%。

表4.10　2016年长江经济带各省（市）内河港口货物吞吐量表

省(市)	货物吞吐量			集装箱吞吐量				汽车滚装吞吐量（万辆）
	总计（万吨）	外贸	出港（万吨）	外贸	箱数（万TEU）	重量（万吨）	货重	
上海	5694.9	0.0	1389.4	0.0	0.0	0.0	0.0	0.0
江苏	213429.4	31408.2	77554.1	7551.8	1139.0	14171.7	11879.3	7.6
浙江	26663.5	166.4	10063.3	53.1	36.5	382.0	306.7	0.0
安徽	51917.4	1619.5	28575.0	307.4	114.8	899.4	691.6	14.1
江西	31075.1	447.3	16534.2	268.0	38.8	567.5	489.9	0.0
湖北	35191.9	1310.3	16347.3	570.0	141.6	1979.0	1692.5	72.2

续表

省(市)	货物吞吐量			集装箱吞吐量				汽车滚装吞吐量(万辆)
	总计(万吨)	外贸	出港(万吨)	外贸	箱数(万TEU)	重量(万吨)	货重	
湖南	31678.0	411.9	14674.4	232.6	42.0	503.5	418.6	0.0
重庆	17372.0	551.5	7335.3	302.5	115.2	1406.6	1166.3	79.3
四川	9477.0	64.6	3336.3	26.2	80.2	1069.3	899.4	0.0
贵州	966.5	0.0	731.2	0.0	0.0	0.0	0.0	0.0
云南	816.1	35.7	441.9	9.6	0.3	3.0	2.2	0.0
合计	424281.8	36015.4	176982.4	9321.2	1708.4	20982.0	17546.5	173.2

(数据来源:长江年鉴(2017))

沿海港口货物吞吐量。长江经济带沿海港口分布在江苏省、浙江省和上海市,2016年完成货物吞吐量20.67亿吨,较2015年增长2.23%。其中,外贸货物吞吐量9.69亿吨,同比增长3.42%;集装箱货物吞吐量6565.60万TEU,同比增长2.13%;汽车滚装吞吐量368.20万辆,同比下降2.49%。江苏省沿海港口全年完成货物吞吐量2.81亿吨,同比增长2.93%,其中,外贸货物吞吐量1.34亿吨,集装箱吞吐量490万TEU,汽车滚装吞吐量238.40万辆;浙江省沿海港口全年完成货物吞吐量11.42亿吨,同比增长3.91%,其中,外贸货物吞吐量4.55亿吨,集装箱吞吐量2362.30万TEU,汽车滚装吞吐量238.40万辆;上海市沿海港口全年完成货物吞吐量6.45亿吨,同比下降0.62%,其中,外贸货物吞吐量,3.80亿吨,集装箱吞吐量3713.30万TEU,汽车滚装吞吐量129.50万辆(表4.11)。

表4.11 2016年长江经济带沿海港口货物吞吐量表

省(市)	货物吞吐量			集装箱吞吐量				汽车滚装吞吐量(万辆)
	总计(万吨)	外贸	出港(万吨)	外贸	箱数(万TEU)	重量(万吨)	货重	
上海	64481.6	38012.3	28492.2	17756.0	3713.3	36736.2	29602.2	129.5
江苏	28057.5	13371.8	9274.8	2113.6	490.0	4990.6	3993.3	0.3
浙江	114202.5	45541.6	44332.6	12588.2	2362.3	24439.5	19558.6	238.4
合计	206741.6	96925.7	82099.6	32457.8	6565.6	66166.3	53154.1	368.2

(数据来源:长江年鉴(2017))

干线港口货物吞吐量。2016年,长江干线港区完成货物吞吐量26.08亿吨,较2015年增长6.30%。其中,完成外贸货物吞吐量3.55亿吨,同比增长11.10%;集装箱货物吞吐量1608.10万TEU,同比增长7.60%(表4.12)。

表 4.12　2016 年长江干线港口货物吞吐量表

省(市)	货物吞吐量			集装箱吞吐量				商品汽车滚装吞吐量(万辆)	载重汽车滚装吞吐量(万辆)
	总计(万吨)	外贸	出港(万吨)	外贸	箱数(万TEU)	重量(万吨)	货重		
江苏	158052.7	31383.4	62313.9	7533.0	1120.6	13833.7	11585.2	7.6	0.0
安徽	36144.5	1599.9	19915.8	291.9	93.5	680.2	515.4	14.1	0.0
江西	11328.0	281.7	6673.7	162.2	27.4	386.8	332.1	0.0	0.0
湖北	31102.4	1310.3	13920.5	570.0	141.5	1976.1	1690.0	126.8	46.4
湖南	3152.6	319.1	769.3	172.8	29.4	372.5	313.7	0.0	0.0
重庆	15990.2	551.5	6532.4	302.5	115.2	1406.6	1166.3	55.2	24.1
四川	4583.5	64.6	2191.6	26.2	80.2	1069.2	899.4	0.0	0.0
云南	478.9	0.0	299.9	0.0	0.3	3.0	2.2	0.0	0.0
合计	260832.8	35510.5	112617.1	9058.6	1608.1	19728.2	16504.3	203.7	70.5

(数据来源:长江年鉴(2017))

(6)港口泊位与能力

截至 2016 年末,长江经济带各省(市)内河港口拥有生产用码头泊位 2.20 万个,较 2015 年增加 644 个,占全国内河港口的 89.79%。散货、件杂货物年综合通过能力 35.66 亿吨,同比增长 9.22%;集装箱年综合通过能力 2535 万 TEU,同比增长 1.79%;旅客年综合通过能力为 2.48 万人,同比下降 5.11%;重载滚装车辆年综合通过能力为 275 万辆,同比增长 26.15%;商品滚装车辆年综合通过能力为 274 万辆,与上年持平(表 4.13)。

表 4.13　2016 年长江经济带各省(市)内河港口生产用码头泊位与能力情况表

省(市)	全社会生产用码头泊位			综合通过能力			
	泊位数(个)	总延米(米)	散货、件杂货物(万吨)	集装箱(万TEU)	旅客(万人)	重载滚装车辆数(万辆)	商品滚装车辆数(万辆)
上海	1770	88112	19209	0	18	0	0
江苏	7116	45526	162243	1101	602	0	63
浙江	3083	148880	34532	80	906	0	0
安徽	1148	82437	51022	119	790	0	74
江西	1741	68616	17023	64	770	0	0
湖北	1826	154225	31145	442	3336	181	48
湖南	1859	83492	17103	86	2505	0	10
重庆	813	70837	13530	410	5950	73	79
四川	2106	76707	8264	233	6312	0	0
贵州	433	25879	2238	0	3221	21	0
云南	99	3452	284	0	393	0	0
合计	21994	1258163	356593	2535	24803	275	274

(数据来源:长江年鉴(2017))

长江干线港口拥有生产用泊位3872个。万吨级以上码头泊位有417个,其中江苏省400个、安徽省17个;万吨级以上码头泊位较2015年增加6个,其中江苏省、安徽省各增加3个。长江干线港口散货、件杂货物年综合通过能力为18.93亿吨,同比增长5.32%;集装箱年综合通过能力为2192万TEU,同比增长1.03%;旅客年综合通过能力为1.06万人,同比下降2.00%;重载滚装车辆年综合通过能力为223万辆,同比增长19.25%;商品滚装车辆年综合通过能力为272万辆,与上年持平(表4.14)。

表4.14 2016年长江干线港口生产用码头泊位与能力情况表

省(市)	全社会生产用码头泊位			综合通过能力				
	泊位数(个)	总延米(米)	散货、件杂货物(万吨)	集装箱(万TEU)	旅客(万人)	重载滚装车辆数(万辆)	商品滚装车辆数(万辆)	
江苏	1179	159679	102041	1057	0	0	63	
安徽	524	46856	35461	61	581	0	74	
江西	161	16286	8687	39	320	0	0	
湖北	1073	104885	24415	442	2869	150	48	
湖南	85	7291	3395	33	419	0	8	
重庆	645	61454	11813	410	5679	73	79	
四川	188	190	3290	150	682	0	0	
云南	17	900	234	0	60	0	0	
合计	3872	416421	189336	2192	10610	223	272	

(数据来源:长江年鉴(2017))

4.1.3 陆运现状

公路运输(即陆运)的主要工具是车辆,主要承担近距离、小批量的货运和水运、铁运难以到达地区的长途大批量货运,以及铁运、水运优势难以发挥的短途运输。长江经济带一批高速公路,如上海—成都、上海—昆明的高速公路全线贯通,杭瑞高速等原"7918"国家高速公路剩余路段加快建设,新增国家高速公路的断头路也计划全部开工(交通运输部,2015)。

长江流域主要公路干线有:G101线、G102线、G103线、G104线、G105线、G106线、G107线、G108线。截至2016年10月,长江从上海至宜宾江段共98座长江大桥(含长江隧道)(表4.15)。

表4.15 长江大桥(含长江隧道)表

	已建	在建
上海(2座)	崇明越江通道 上海长江大桥	
上海与江苏之间(2座)	崇启大桥	崇海大桥

续表

	已建	在建
江苏境内(13座)	苏通大桥 江阴长江大桥 扬中长江大桥 润扬长江大桥 泰州长江大桥 南京长江大桥(公路铁路两用) 南京长江二桥 南京长江三桥 南京长江四桥 南京过江隧道 南京大胜关长江大桥(铁路桥)	镇江长江大桥 沪通铁路长江大桥
安徽境内(7座)	芜湖长江大桥(公路铁路两用) 铜陵长江大桥 安庆长江大桥 马鞍山长江大桥	铜陵长江公铁大桥 安庆长江铁路大桥 望东长江大桥
江西与湖北之间(3座)	九江长江大桥(公路铁路两用) 九江长江二桥	九江长江三桥
湖北境内(26座)	武汉长江大桥(公路铁路两用) 武汉长江二桥 武汉白沙洲长江大桥 武汉军山长江大桥 武汉阳逻长江大桥 武汉鹦鹉洲长江大桥 武汉天兴洲长江大桥(公路铁路两用) 武汉二七长江大桥 武汉长江隧道 武汉江汉路地铁过江隧道(地铁) 黄石长江大桥 鄂黄长江大桥 黄冈长江大桥 鄂东长江大桥 荆州长江大桥 枝城长江大桥(公路铁路两用) 宜昌长江大桥 宜昌长江铁路大桥 葛洲坝三江大桥 夷陵长江大桥 西陵长江大桥 巴东长江大桥	武汉杨泗港长江大桥 武汉沌口长江大桥 武汉三阳路长江隧道(公铁两用隧道) 荆州长江二桥

续表

	已建	在建
湖北与湖南之间(1座)	荆岳长江大桥	
重庆境内(34座)	重庆大佛寺大桥 重庆长江大桥 重庆长江大桥复线桥 重庆菜园坝长江大桥 重庆鹅公岩大桥 重庆李家沱大桥 重庆马桑溪大桥 重庆鱼嘴长江大桥 重庆朝天门长江大桥 重庆鱼洞长江大桥 巫山长江大桥 奉节长江大桥 云阳长江大桥 长寿长江大桥 渝怀铁路长寿长江大桥(铁路桥) 万州长江大桥 万州长江二桥 万州长江三桥 万宜铁路万州长江大桥(铁路桥) 忠县长江大桥 忠州长江大桥 江津观音岩长江大桥 江津长江大桥 丰都长江大桥 涪陵李渡长江桥 广阳坝长江大桥 白沙沱大桥(铁路桥) 地维长江大桥	重庆东水门长江大桥 涪陵石板沟长江大桥 涪陵韩家沱长江大桥 江津迎宾长江大桥 江津几江长江大桥 永川长江大桥
四川境内(10座)	泸州泰安长江大桥 隆黄铁路长江大桥 泸州长江二桥 泸州长江大桥 泸州国窖大桥 江安长江大桥 宜宾长江大桥 合江长江一桥 合江长江二桥 南溪长江大桥	

4.1.4 铁运现状

铁路运输（即铁运）是使用铁路列车运送客货的一种运输方式，主要承担长距离、大批量的货运，铁运是在干线运输中起主力运输作用的运输形式。

长江经济带2013年底铁路营业里程2.96万千米，铁路网密度是全国平均水平的1.36倍，但人均拥有铁路里程仅为全国平均水平的67.1%。2013年区域铁路完成客运量85257万人次、货运量63340万吨，占区域全社会客、货运总量的比例也低于全国平均水平（李恒鑫，2015）。

截至2014年底，长江经济带铁路营业里程为3.04万千米。根据上海铁路局等四个局的调研报告，2015年长江经济带沿线四个铁路局服务于长江内河港口集疏运的货运总量达9272.5万吨，约占长江干线货运量的4.25%，其中疏港运量5734.1万吨，集港运量3538.4万吨（表4.16）（成超 等，2016）。

表4.16 2015年各铁路局集疏长江内河港运量表

货运量（万吨）	上海局	南昌局	武汉局	成都局	合计
疏港	4536.5	511.6	131.9	554.1	6734.1
集港	1704.1	511.6	692.8	629.9	3538.4
合计	6240.6	1023.2	824.7	1184.0	9272.5

截至2015年底，长江经济带四个铁路局中服务于港口的第一类铁路货运站（紧邻港口的铁路货运站）数量为19个，其中重庆万州港、江苏南京惠宁码头、湖北武钢工业港和湖北枝城港的港口吞吐量超过1000万吨。此外，长江经济带四个铁路局共有45个第二类（与港口有一定距离的铁路货运站）铁路货运站服务于港口集疏运，短驳半径小于20千米的铁路货运站数量约占总数的一半，其中近一半货运站短驳距离小于10千米。长江经济带各铁路局接轨港口的货运站情况如表4.17所示。这64个铁路货运站所服务的港口完成货物吞吐量约占长江经济带内河港口吞吐总量的40%，但2015年这些港口铁水联运货物量仅占港口吞吐量的2.92%（成超 等，2016）。

表4.17 长江经济带各铁路局接轨港口的货运站情况表

铁路局	第一类铁路货运站数量	第二类铁路货运站数量	总计
成都局	6	1	7
南昌局	2	9	11
武汉局	6	14	20
上海局	5	21	26
总计	19	45	64

长江经济带铁路网横向围绕沪汉蓉和沪昆城镇发展带,已经形成沪汉蓉和沪昆二大铁路通道,纵向几乎所有的南北向铁路干线都穿越长江经济带区域。长江经济带铁路网虽然有了长足的发展,但也存在着线网规模不足、设施不均衡、运输通路不畅、综合衔接不紧密等问题(李恒鑫,2015)。

(1)线网规模不足。人均拥有铁路里程 0.51 千米/万人,低于全国平均水平(0.76 千米/万人);路网布局存在较多的薄弱区域,如沪汉蓉通道与沪昆通道之间 300~500 千米范围内缺乏铁路通道。

(2)通道质量不高。沪汉蓉通道作为长江经济带主通道之一,其货运主线路南京—九江段仍为单线铁路,客运主线路绝大部分区段运行速度低于 250 千米/小时。

(3)城市群城际通道不够发达。大部分城市群内部城市之间尚未形成快速通道,城际轨道交通发展尚处在起步阶段,仅仅建成沪宁(南京—上海)、武黄(武汉—大冶北)、武咸(武昌—咸宁南)、成灌(安靖—青城山镇)、成渝(成都东—重庆北)等少数城际铁路。

(4)铁水等交通方式之间缺乏有机联系。部分港口建设没有疏港铁路配合,港口后方集疏运通道能力薄弱;长江三峡综合交通枢纽缺少铁路运输方式,过坝需求与过坝能力矛盾日益显现。

4.1.5 空运现状

航空运输(即空运)是使用飞机等航空器进行运输的一种形式。从长江经济带机场的类型分布来看,航空客货吞吐量主要集中在大中型枢纽机场。2013 年,长江经济带主要的 12 家机场完成旅客吞吐量 2.63 亿人次,占长江经济带机场总量的 85.3%;完成货邮吞吐量 547 万吨,占长江经济带机场总量的 94.2%;完成飞机起降 215.8 万架次,占长江经济带机场总量的 69.7%。其中,南昌和合肥的航空业务量在全国范围内排名靠后,发展较慢。除这 12 家大中型枢纽机场之外,长江经济带其余的 62 家机场中,年旅客吞吐量 100 万人次以上的机场只有 10 家,包括无锡硕放、常州奔牛、徐州观音、温州永强、宁波栎社、义乌、张家界荷花、九寨黄龙、丽江三义、西双版纳嘎洒,主要是区域经济和旅游发展较好的城市所在地机场,而其他 52 家机场的业务规模都非常小(苏晶,2015)。

长江经济带航空运输在上游、中游及下游(长三角地区)呈现出明显的发展差异。长江下游地区不仅机场密度大、可达性好,其机场空侧服务能力也高,区域内绝大部分地域单元与人口均能非常便捷地享受到航空运输带来的便利,由此航空运输产出也集中于长江下游地区。中游地区机场密度低,单位机场服务的地域面积和人口数量巨大,而机场空侧服务能力低,虽得益于陆路集疏运网络,其机场可达性与上游地区基本相当,但航空运输发展总体水平在三大区域中最低,运输产出水平也最低。上游地区面积广大、人口相对稀疏,机场密度较高,但由于经济发展程度相对较低,集疏运体系不完善,仍有不少地区难以便捷地享受航空服务,加之大部分机场空侧服务能力低下,总体发展水平与长江下游地区差距明显(吴威 等,2018)。长江经济带的航空布局存在一定的不平衡,既反映出区域经济社会人口的分布不平衡现状,也凸显了其制约未来区域整体协调发展的瓶颈。从长江经济带的机场地理分布来看,长江下游省份密度较大,长江中上游省份密度较小。东部沿海省份机场分布密集,而面积广袤的中西部省份机场分布稀疏。这主要是因为长江经济带区域经济发展布局不平衡,从东向西呈明显的阶梯状分布,航空网络覆盖和航空贡献也不平衡。上海的航空旅客吞吐量和货邮吞吐量占长江经济带总量的比重远远高于其地区 GDP 占长江经济带总量的比重,四川、重庆、云南、贵州的航空业务量占比略高于其地区 GDP 占比(苏晶,2015)。

长江经济带机场体系格局具有明显的区域差异,机场及高等级机场分布、机场平均服务范围与服务人口在上、中游及下游地区均呈现不同的区域分布特征(吴威 等,2018)。

(1)机场数量上游地区占有优势,但高等级机场主要集中在下游地区。2015 年长江经济带开通民航业务的 77 个机场中,下游地区 23 个,中游地区 15 个,上游地区 39 个,机场数量上上游地区占比超过一半,具有明显优势。从机场数量与三大地区地级及以上城市数量对比情况看,下游地区城市平均拥有机场 0.56 个,上游地区为 0.83 个,中游地区为 0.39 个,上游地区优势仍然突出,中游地区明显滞后。但从机场等级结构上,高等级机场主要集中于下游地区。经济带内共有 4D 及以上高等级机场 28 个,占机场总数的 35.9%,其中 14 个分布于下游地区,占该区域机场总数的 60.9%;中、上游地区各有高等级机场 6 个和 8 个,占区域机场的比重分别为 40% 和 20.5%。很明显,下游地区机场体系中,高等级机场比重偏高,容易造成部分机场的建设规模与实际运营规模不匹配等问题(王娇娥 等,2006);中游地区高等级机场占比略高于区域平均水平,而上游地区高等级机场占比远低于中游和下游地区。

(2)中游地区机场平均服务范围与人口明显高于下游和上游地区。仅从便捷性角度,机场服务范围越小、人口越少,表明区域接受机场服务越为便捷。根据机场数量及三大区域面积与人口数据,计算得到各区域机场平均服务地域范围与人口。下游地区机场平均服务范围为 1.52 万平方千米,面积最小;上游地区为 2.88 万平方千米,居中;中游地区为 3.76 万平方千米,面积最大;而从机场平均服务人口来看,上游地区为 496 万人,下游地区为 956 万人,中游地区达到 1140 万人(表 4.18)。综合服务面积与服务人口,下游地区机场密度较高,虽平均服务人口高于上游地区,但其服务面积远小于经济带以及全国机场平均服务面积;上游地区机场平均服务面积低于中游地区,明显高于下游地区,但其平均服务人口最少;中游地区机场密度最低,不仅服务面积超过 3 万平方千米,其平均服务人口也超过了 1100 万。显而易见,从机场密度角度,中游地区机场建设明显滞后于下游和上游地区。

表 4.18 长江经济带机场密度及机场平均服务面积与人口表

区域	机场数（个）	城市平均拥有机场数（个）	机场服务面积（万平方千米）	机场服务人口（万人）
下游	23	0.56	1.52	955.52
中游	15	0.39	3.76	1139.67
上游	39	0.83	2.88	496.23

得益于机场体系布局以及集疏运网络发展，长江经济带机场可达性总体较好，下游（长三角地区）具有明显优势，中游与上游地区可达性水平基本相当（吴威 等，2018）。

(1)机场可达性总体较好。为直观反映研究单元在不同可达时间范围的分布特征，以 30 分钟为时间间隔（大于 240 分钟的地域单元较少，故将其作为一个时间间隔不再细分），将可达时间划分为 9 个时间段，分析研究单元可达性的分布频率和累积频率（图 4.2）。很明显，可达时间在 30～60 分钟和 60～90 分钟的地域单元占据主体，两者的频率分别达到 34.3% 和 35.2%，可达时间在 90 分钟以内的地域单元累积频率达到了 73.5%。根据国家民航总局以及已有研究成果，可达时间在 90 分钟内的区域均被认为享有较好的航空运输服务，据此，长江经济带 73.5% 的地域单元能够较为便捷地享受到机场服务，其中 38.4% 的地域单元在 60 分钟内能达到机场。在 120 分钟内能到达机场的地域单元占比达到 90% 以上，而机场可达时间超过分钟的地域单元仅占 2%，因此，总体而言，受机场布局以及集疏运网络的共同影响，长江经济带整体上具有较好的机场可达性，但不容忽视，仍有 5 个地域单元距离机场行车时间超过 240 分钟，其中距离机场最远的白玉县达到 705 分钟。

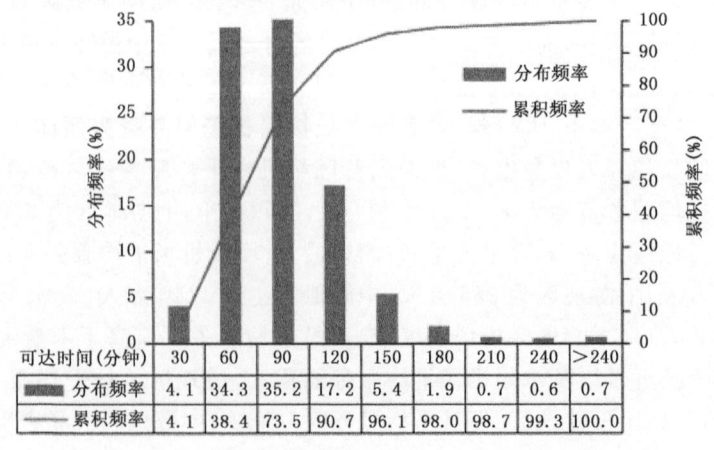

图 4.2 长江经济带机场可达性分布频率与累积频率图

(2) 长江下游地区可达性优势明显。由机场可达性空间格局图(图 4.3)可见,长江下游地区除浙江西南与安徽省共 12 个地域单元外,94.4%的地域单元与最近机场的行车时间在 90 分钟以内,且大部分地域单元在 60 分钟之内;而中游与上游地区,仅分别有 71.3%和 72.1%的地域单元可达时间在 90 分钟以内,能够便捷地享受机场服务,其中上游地区还略优于中游地区。中上游地区机场可达性的内部差异也非常明显,中游地区湖南省总体劣于江西与湖北省,上游地区四川与云南省明显劣于重庆市与贵州省,其中贵州省仅有 8.6%的地域单元与机场的可达时间超过 90 分钟,显示出其良好的机场可达性。与机场可达时间超过 180 分钟、到达机场非常不方便的地域单元则主要集中在上游地区的四川省西北部,该类 14 个地域单元中有 11 个位于四川省,其中 10 个均在其西北部。由此,下游地区机场可达性优势突出,中、上游地区水平基本相当,但可达性最差的地域单元则主要集中在上游地区。上游地区机场体系布局优于中游,但机场可达性并没有表现出优势,主要原因在于上游地区机场的公路集疏运网络落后于中游地区。

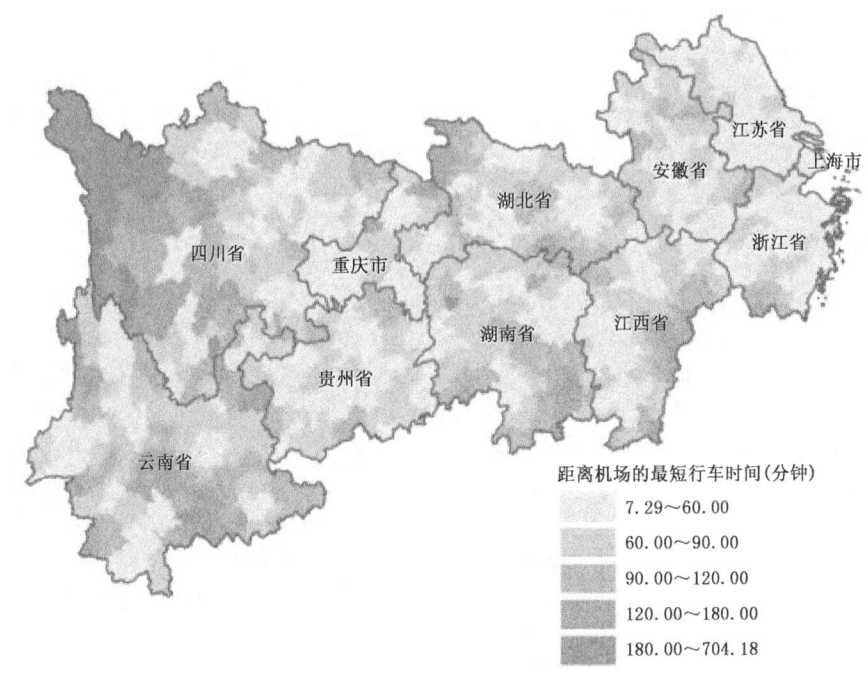

图 4.3 长江经济带机场可达性格局图(见彩插)

机场间空侧服务能力差异显著,与机场所依托的城市特征关联密切,总体上长江下游地区优势突出,上游较之中游地区也略有优势(吴威 等,2018)。

(1)枢纽机场空侧服务能力较高,但大部分机场处于较低水平。经计算长江经济带各机场空侧服务能力指数,结果表明,机场间指数差异非常明显,服务能力最高的上海浦东机场指数值高达895.38,而最低的宁蒗泸沽湖机场仅为1.73,平均值为98.69,高于平均值的机场仅有16个,低于平均值的机场则多达61个,由此反映出绝大部分机场服务能力水平较低的现实。机场空侧服务能力与所在城市行政级别密切相关,指数最高的10个机场均位于直辖市或省会城市。此外,机场空侧服务能力与其依托城市(区域)经济发展水平以及旅游业发展状况等关联紧密。服务能力指数高于平均水平的16个机场中,除12个位居直辖市或省会城市外,其余4个机场分别为温州龙湾、丽江三义、宁波栎社和无锡硕放机场,其中三义机场位于旅游城市,其他3个机场均位于东部经济发达城市。

(2)长江下游地区优势突出,上游较之中游地区也略有优势。依据空侧服务能力指数,采用自然断点法将机场空侧服务能力分为高、较高、中等、较低和低五个等级,各等级机场数分别为4、6、6、21和40个,空间分布如图4.4所示。长江下游地区具有整体优势,在长江经济带16个服务能力处于中等及以上水平的机场中,下游地区有8个,服务能力低的40个机场中,下游地区仅占7个(集中于安徽省),该区域23个机场服务能力指数平均值达到143.96,远高于经济带平均值。上游地区虽枢纽机场服务能力指数较高,服务能力居于高等级的4个机场中,除上海浦东机场外,昆明长水、成都双流、重庆江北等3个机场均位于上游地区,但由于大量支线机场指数较

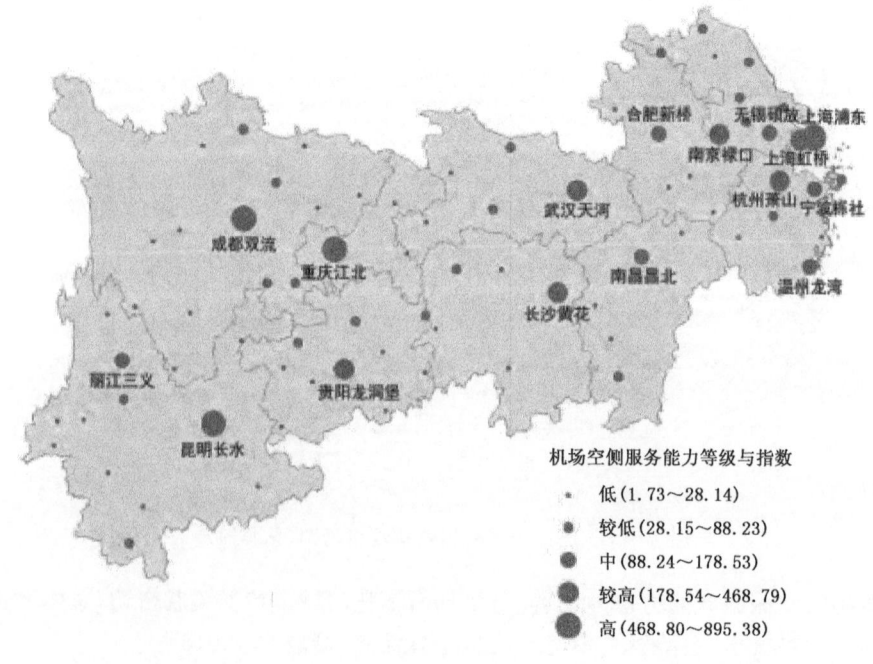

图4.4 长江经济带机场空侧服务能力等级与指数图

低(服务能力低的 40 个机场中,有 25 个位于上游地区),因此其平均值不高,为 80.60。中游地区机场数量少,没有服务能力高等级机场,中等及较高等级的机场仅有 3 个,而处于低等级的机场有 8 个,由此导致其平均服务能力指数最低,仅为 76.30。由此可见,长江下游地区机场体系在空侧服务能力上遥遥领先于中上游地区,在机场平均服务水平以及高服务能力等级机场上,上游地区较之中游地区也稍具优势。

机场吞吐量与起降架次是衡量航空运输产出的重要指标,是机场布局、机场可达性与空侧服务能力等的综合反映。2015 年长江经济带完成旅客吞吐量 3.85 亿人次,货邮吞吐量 655.5 万吨,起降 355.6 万架次,分别占全国总量的 42.13%、46.5%、41.5%,均明显高于机场及高等级机场在全国占比。航空运输产出空间格局与机场体系布局、机场可达性以及空侧服务能力格局具有较好的一致性,长江下游地区优势突出,2015 年下游地区 23 个机场完成的旅客吞吐量占长江经济带总量的 47.6%,上游地区 39 个机场完成的吞吐量占比为 38.9%,而中游地区 15 个机场完成的吞吐量占比仅为 13.5%,即便从机场平均完成的旅客吞吐量而言,中游地区也略低于上游地区;在货邮吞吐量上,下游地区占比高达 74.0%,集中于长三角,上游地区占比为 20.7%,而中游地区仅占到 5.3%,上游地区高于中游地区的态势更为明显;起降架次上,下游地区占比为 42.6%,上游和中游地区占比分别为 39.5% 和 17.9%,与吞吐量具有较好的一致性。旅客吞吐量超过 100 万人次的机场共有 27 个,其中下游地区 12 个,中游地区 6 个,上游地区 9 个,集中于下游地区的态势亦非常明显(吴威 等,2018)。上海是我国三大航空枢纽之一,且上海浦东机场的货运量连年位居世界第三位,上海航空枢纽对周边的江苏和浙江两省航空客货源有虹吸效应。四川的经济和人口总量支撑强大的航空需求,已成为国内第四大航空枢纽城市。随着我国西部大开发力度的加大,中西部地区与东部地区的相对差异正在缩小,尤其是重庆、贵州、云南等省(市)保持着高速增长态势,航空需求增长强劲。安徽、江西、湖北、湖南等省,航空运输发展相对滞后(苏晶,2015)。

4.2 水资源现状

从长江经济带的战略定位看,长江黄金水道功能的提升、沿岸的开发、产业转型升级和中上游承接产业转移,无不与长江经济带水资源利用和保护息息相关。

4.2.1 水资源状况

2014 年 9 月 12 日,国务院发布了《国务院关于依托黄金水道推动长江经济带发展的指导意见》(国发〔2014〕39 号),把水污染治理和水环境作为重要保护的内容写入其中。2015 年 4 月 2 日,《国务院关于印发〈水污染防治行动计划〉的通知》(国发

〔2015〕17号)要求,以改善水环境质量为核心,按照"节水优先、空间均衡、系统治理、两手发力"原则,贯彻"安全、清洁、健康"方针,强化源头控制,水陆统筹、河海兼顾,对江河湖海实施分流域、分区域、分阶段科学治理,系统推进水污染防治、水生态保护和水资源管理。2016年2月26日,国家发改委、环保部《关于加强长江黄金水道环境污染防控治理的指导意见》提出,到2017年,长江经济带水环境质量不降低并力争有所改善,主要污染物排放总量继续减少,涉危企业环境风险防控体系基本建立。

长江流域水资源已经从大力开发利用逐步走向运行管理的新时期,上蓄、中调、下引的流域水资源开发利用工程格局逐步形成,水资源供需矛盾日益加剧(王海伟,2014)。

上游地区。随着近几年水利水电工程陆续建成,三峡及上游干支流水库的调节总库容将达到550亿米^3,2020年将达到1000亿米^3。这些控制性工程在充分发挥水资源多种功能、服务经济社会发展需求的同时,也在逐步改变长江中下游的水文情势,急需通过科学调度,统筹协调梯级水库群日益尖锐的蓄泄矛盾,正确处理好上中下游、左右岸、水资源综合利用各功能之间等一系列重大关系。

中游地区。南水北调中线工程已将投运,引汉济渭工程正在抓紧实施,鄂北水资源配置工程也提上议事日程,汉江流域水资源供需矛盾将日益突出。长江上游水库群和洞庭湖水系、鄱阳湖水系控制性水库建设运行,改变了两湖水系的水文情势,江湖水资源关系出现深度调整,加上区域经济战略布局的调整和水资源管理相对薄弱等因素,两湖局部地区局部时段工程性缺水或水质性缺水甚至并发的局面难以避免,水资源供需矛盾日益凸显。

下游地区。据初步统计,大通以下长江干流修建的各种引调水工程达777个,设计最大引江流量合计为25000米^3/秒以上。大通多年平均流量为29000米^3/秒,上海提出的满足上海市用水安全的大通流量不小于15000米^3/秒,下游巨大的引江能力,可能导致的用水安全问题不容忽视。

长江经济带各省(市)已全部完成水资源管理"三条红线"指标的市县两级分解工作。构建水环境监测网络,对长江干流和主要支流近60个断面的生态环境需水量进行了核算。持续推进农业面源污染综合防控示范区建设,提高农业面源污染监测预警能力。长江三角洲地区与八部委建立大气污染防治协作小组,研究联防联控政策,安排实施重点工作。加强长江沿线天然林保护、退耕还林等生态工程建设,实施坡耕地水土流失综合治理、丹江口库区及上游水土保持等工程。安排林业专项资金266亿元,支持长江经济带各省(市)开展林业生态保护。安排水污染防治专项资金57亿元,支持长江经济带实施重点湖泊、流域等水污染防治工程(冯蕾,2016)。

基于经济—环境—社会可持续绿色发展的理念,对2002—2016年长江经济带11省(市)的绿色水资源效率(绿色水资源效率为利用水资源获取的经济、生态环境、人类社会的净产出与相关生产要素投入的比值)进行测度,具体结果见表4.19。可以看出,2002—2016年长江经济带绿色水资源效率总体呈波动发展且有下降趋势。其中2002、2003年水资源效率值超过1,其余年份均分布在0.7~0.9,2015年出现最低值0.797。长江经济带上游水资源利用效率总体较高,效率值处于0.88~1.1;中游区域水资源效率在0.7~0.9波动,处于上、中、下游中的较低水平;下游水资源利用效率呈明显波动状态(杨高升 等,2019)。

表4.19 长江经济带各省(市)2002—2016年绿色水资源利用效率表

年份	上海	江苏	浙江	安徽	江西	湖北	湖南	重庆	四川	贵州	云南	平均
2002	1.078	1.016	1.057	1.013	0.740	0.724	1.032	1.219	1.008	1.092	1.156	1.012
2003	1.089	1.010	1.070	1.012	0.794	0.740	1.022	1.184	1.009	1.098	1.125	1.014
2004	1.085	0.625	1.036	0.800	0.727	0.650	1.021	1.161	1.004	1.113	1.096	0.938
2005	1.088	1.011	0.764	0.783	0.718	0.642	0.617	1.153	1.008	1.105	1.099	0.908
2006	1.092	0.590	0.749	0.752	0.723	0.648	1.035	1.149	1.011	1.106	1.087	0.904
2007	1.102	0.591	0.731	0.794	0.722	0.697	1.042	1.129	1.019	1.125	1.075	0.912
2008	1.103	1.020	0.708	0.793	0.719	0.711	1.030	1.109	1.022	1.129	1.072	0.947
2009	1.103	1.023	0.699	0.815	0.750	0.705	1.040	1.108	1.013	1.123	1.044	0.948
2010	1.106	1.027	0.702	0.869	1.002	0.727	1.046	1.117	1.009	1.122	1.040	0.979
2011	1.094	1.061	0.686	1.003	0.834	0.711	1.041	1.109	1.002	1.173	0.753	0.952
2012	1.081	1.106	0.684	1.001	0.767	0.701	1.039	1.111	0.897	1.118	0.740	0.931
2013	1.067	1.019	0.721	0.754	0.740	0.692	1.037	1.099	0.831	1.135	0.732	0.894
2014	1.103	0.424	0.685	0.692	1.003	0.654	1.036	1.092	0.676	1.086	0.730	0.835
2015	1.103	0.423	0.681	0.663	0.692	0.631	1.041	1.097	0.654	1.083	0.700	0.797
2016	1.141	0.429	0.673	0.669	0.640	0.629	1.034	1.107	0.628	1.176	0.684	0.801

注:绿色水资源效率的定义为利用水资源获取的经济、生态环境、人类社会的净产出与相关生产要素投入的比值。

(数据来源:杨高升 等,2019)

2016年长江流域平均降水量折合降水总量为21487.09亿立方米(其中长江经济带为19641.75亿立方米),比常年值偏多10.9%。地表水资源量为11796.72亿立方米(其中长江经济带为11168.23亿立方米),折合径流深为661.7毫米,比常年值偏多19.7%。地下水资源量为2706.47亿立方米(其中长江经济带为2493.68亿立方米),比常年平均值偏多8.6%,地下水与地表水资源不重复量为150.35亿立方米(其中长江经济带为136.08亿立方米)。水资源总量为11947.07亿立方米(其中长江经济带为11304.31亿立方米)(表4.20)(长江年鉴编纂委员会,2017)。

2016年长江经济带总供水量为1973.69亿立方米,其中,地表水源占96.8%,地下水源占2.6%,其他水源仅占0.6%。总用水量为1973.69亿立方米,其中,农业用水占46.7%,工业用水占36.8%,生活用水占15.4%,生态环境补水占1.1%(表4.21)(长江年鉴编纂委员会,2017)。

表 4.20　2016 年长江经济带各省(市)水资源量表　　　（单位：亿米^3）

省(市)	降水总量	地表水资源量	地下水资源量	地下水资源与地表水资源不重复量	水资源总量
上海	99.31	52.66	11.31	8.36	61.02
江苏	724.26	375.64	61.75	51.03	426.67
浙江	240.92	158.00	30.69	7.14	165.14
安徽	1356.14	820.95	108.47	13.68	834.63
江西	3239.78	2143.48	489.01	17.82	2161.30
湖北	2630.17	1461.87	312.30	29.80	1491.67
湖南	3438.27	2117.44	458.16	7.10	2124.54
重庆	1019.17	604.87	112.26	0.00	604.87
四川	4357.00	2306.45	584.58	1.15	2307.60
贵州	1359.25	690.54	181.87	0.00	690.54
云南	1177.48	436.33	143.28	0.00	436.33
合计	19641.75	11168.23	2493.68	136.08	11304.31
长江流域总计	21487.09	11796.72	2706.47	150.35	11947.07

（数据来源：长江年鉴(2017)）

表 4.21　2016 年长江经济带各省(市)供用水量表　　　（单位：亿米^3）

省(市)	供水量				用水量				
	地表水	地下水	其他	总供水量	农业	工业	生活	生态环境	总用水量
上海	104.80	0.03	0.00	104.83	14.48	64.42	25.12	0.81	104.83
江苏	333.29	0.71	5.96	339.96	76.71	228.11	34.09	1.05	339.96
浙江	47.38	0.11	0.32	47.81	23.02	11.25	12.47	1.07	47.81
安徽	165.53	1.48	0.96	167.97	78.41	69.17	16.62	3.77	167.97
江西	233.06	8.07	1.71	242.84	152.13	60.36	28.17	2.18	242.84
湖北	272.24	8.82	0.00	281.06	136.44	91.30	52.19	1.13	281.06
湖南	310.76	15.05	0.06	325.87	192.22	88.02	42.88	2.75	325.87
重庆	75.96	1.36	0.16	77.48	25.50	30.75	20.17	1.06	77.48
四川	253.59	11.98	1.40	266.97	155.71	55.80	49.71	5.75	266.97
贵州	69.25	2.17	0.66	72.08	38.98	18.75	13.63	0.72	72.08
云南	44.18	1.84	0.80	46.82	29.32	7.76	8.18	1.56	46.82
合计	1910.04	51.62	12.03	1973.69	922.92	725.69	303.23	21.85	1973.69
长江流域总计	1957.73	68.71	12.18	2038.62	968.29	735.34	312.01	22.98	2038.62

（数据来源：长江年鉴(2017)）

4.2.2 水电开发利用

长江流域一大批骨干工程巍然矗立,水资源开发利用成效显著。流域供水、灌溉、发电、航运等水资源综合利用体系基本形成,为流域乃至全国经济社会发展提供了有力的支撑和保障。

长江流域已建水库约 4.6 万座,总库容 2500 多亿立方米;建成地表水蓄、引、提、调水工程约 522 万座,实际供水能力 2050 亿立方米。长江上游水流急、落差大,水电资源丰富,长江流域水电站多集中在长江上中游,已建和在建水电站 2400 多座,总装机容量 1.32 亿千瓦(张志峰,2010)。据不完全统计,截至 2017 年,长江流域已建主要水电站情况见表 4.22。

表 4.22 2017 年长江流域已建主要水电站情况表

水电站名称	装机容量(万千瓦)	设计年发电量或多年平均发电量(亿千瓦时)
洪家渡	60	15.59
索风营	60	20.11
乌江渡	128	40.56
构皮滩	300	96.82
思林	100	40.64
沙沱	112	45.52
锦屏梯级	480	242.30
二滩	330	170
三峡	2240	935.33(2016 年)
葛洲坝	271.5	157
丹江口	90	38
水布垭	184	39.84
隔河岩	121.2	30.40
高坝洲	27	8.98
江垭	30	7.56
柘林	42	8.70
……		

(数据来源:长江年鉴(2017))

在确保长江防洪安全的同时,通过加强水工程实时调度,优化水库群对中下游防洪补偿调度的库容分配、水位控制,有效利用洪水资源,不仅有效缓解了中下游枯水形势,保障了流域供水安全,还显著增加了水库发电效益。据统计,2012—2018 年期间,长江上游的水库群因联合调度累计增发电量 600 多亿千瓦时,相当于节约标准煤 2160 万吨,减少温室气体排放 5690 万吨(朱俊君,2019)。

4.2.3 防汛抗旱减灾

坚持"蓄泄兼筹、以泄为主"的方针和"江湖两利""左右岸兼顾""上中下游协调"的原则,加强工程措施与非工程措施建设,流域初步建成了以堤防为基础,以三峡工程为骨干,干支流水库、分蓄洪区、河道整治以及蓄、引、提水等工程措施和非工程措施相结合的综合防汛体系和抗旱体系,防汛抗旱能力显著提升,有效应对了1954年和1998年大洪水、2006年川渝大旱等历次特大洪水和严重干旱灾害,成功抵御了频繁发生的台风和山洪灾害袭击,取得了一次又一次防汛抗旱斗争的胜利,最大程度地减轻了灾害损失,为保障流域经济社会发展和人民安居乐业做出了重要贡献。

据统计,自2009年以来,长江上游水库群在枯水季节为中下游补水累计超过2200亿米^3。2012年以来,上游水库群除多年调节水库外,各水库基本都能每年蓄至正常蓄水位附近,其中三峡水库连续9年实现175米试验性蓄水目标;同时,上游水库群蓄水期间,通过科学调度,下泄流量均维持在相关规程要求之上,如2018年三峡水库蓄水期间平均下泄流量达15100米^3/秒,有效保证了蓄水期间长江中下游供水和生态安全(朱俊君,2019)。

长江水利委员会组织、协调、监督、指导长江流域防汛抗旱工作,按照规定和授权对重要的水工程实施防汛抗旱调度和应急水量调度。组织实施流域防洪论证制度。组织制定流域防御洪水方案并监督实施。指导、监督流域内蓄滞洪区的管理和运用补偿工作。按规定组织、协调水利突发公共事件的应急管理工作。2012年以来,长江水利委员会在体制机制、规模范围、系统建设、能力提升等方面下功夫,逐步形成了"合作共建、业务协同、运转高效、配合顺畅"的良性运行机制。通过水工程联合调度,在2012年以来的历次洪水中充分发挥了长江流域水工程巨大的拦洪、削峰、错峰作用,显著减轻了长江中下游防洪压力。成功应对了2012年三峡水库流量71200米^3/秒的建库以来最大洪水,成功防御了2016年长江中下游区域性大洪水、2017年长江中游区域性大洪水、2018年长江上游区域性较大洪水,特别是2016年,联合调度水库群共拦蓄洪水227亿米^3,降低了城陵矶附近地区洪峰水位约1米,避免了50多万亩耕地被淹、38万多人转移,防洪效益显著(朱俊君,2019)。

长江流域各省(市)组织、协调、监督、指挥全省(市)防汛抗旱工作,对重要江河湖泊和跨市(州)水工程实施防汛抗旱调度和应急水量调度,编制防汛抗旱应急预案并组织实施,指导水利突发公共事件的应急管理工作。

4.3 生态现状

2014年3月5日,国务院政府工作报告中明确提出打造长江经济带并将其上升为国家战略,长江经济带大开发序幕正式拉开。2016年1月5日,习近平总书记在推动长江经济带发展座谈会上作出重要指示:"推动长江经济带发展必须坚持生态优先、绿色发展的战略定位""当前和今后相当长一个时期,要把修复长江生态环境摆在压倒性位置,共抓大保护,不搞大开发"。两年时间,长江经济带发展战略定位实现大逆转,即从大开发到大保护。之所以做出这样的战略调整,不仅基于长江经济带的战略意义,也基于长江经济带面临的巨大的生态困境。生态文明建设是长江治理开发与保护的永恒主题。

4.3.1 水生态现状

(1)水环境恶化严重。一方面,工业污染严重。据资料显示,长江沿岸约有40余万家化工企业,此外还分布着五大钢铁基地、七大炼油厂,以及上海、南京、仪征等石油化工基地。大量的石油和化学工业生产因航运便利,都集聚在长江沿岸,年排放量10万吨以上的排污口就有6000多个,直接造成了长江水体污染(汤莉 等,2017)。据《中国水资源公报》数据,长江流域污水排放量一直呈现不断增多的趋势,20世纪70年代污水排放量不足100亿吨,2000年为230亿吨,2007年突破300亿吨,2014年则高达338.8亿吨,占全国近50%,相当于每年一条黄河水量的污水被排入长江(杨亚非 等,2016a)。另一方面,城市生活污染严重。资料表明,长江干流沿岸城市污水排放量占全流域排放总量的50%左右,其中攀枝花、重庆、武汉、南京、上海等五大城市排污量又占干流城市排放量的70%以上(杨希伟 等,2002),导致长江局部污染严重、水质较差。第三,化肥和农药污染间接影响长江水环境。长江水体中氮、磷等营养物质含量水平较20世纪80年代增加了近1个数量级,表明以农药、化肥为主的非点源污染已成为影响长江水体水质的重要因素。

(2)生态用水不足。尽管目前长江干流总体水质较好,但局部地区环境容量已经接近或达到发展的临界点,长江干流IV类、V类、劣V类水质频现,部分城市干流污染严重。中下游流域河流、湖泊已出现严重的水环境质量下降和水体富营养化趋势,洞庭湖水质为五类,鄱阳湖水质为四类。长江干流500多个主要城市取水口均已不同程度地受到岸边污染带的影响,汉江等长江支流、太湖、巢湖"水华"频现,影响居民饮水安全事件频繁发生(杜耘,2016)。2007、2008年,无锡市连续发生了太湖蓝藻水华导致的"水危机"事件(杜耘,2016);2009年2月,由于水源受到化工污染,江苏省盐城市区发生大范围断水;2012年2月,江苏镇江自来水遭遇苯酚污染,引发居民抢购饮用水;2014年4月,汉江水质出现氨氮超标,紧急停水影响武汉30万居民用水(李干杰,2016)。

(3)生物多样性下降(罗小勇 等,2011)。一方面,由于人类活动的干扰,导致了长江流域水生生物赖以栖息的生境改变,进而影响水生生物的繁衍与增殖,水生生物的多样性有明显的下降趋势,存在诸如鱼类面临濒危物种增加、种群数量萎缩、种质资源退化等问题。水质污染不仅影响鱼类生存环境,导致鱼类死亡,还对浮游生物、底栖生物等多种鱼类饵料生物造成危害,破坏鱼类食物链,间接影响江河鱼类资源,导致鱼类天然资源量减少。另一方面,水资源的开发利用对生物多样性的影响凸显。由于水利水电工程建设所产生的水库淹没、大坝阻隔、河流水文情势改变等因素,使长江流域水生生物生存环境发生改变,对部分水生生物产生了负面影响,其结果是河流、湖泊形态的均一化和不连续化,使许多鱼类洄游通道受阻,生境多样性发生了改变,造成水生生物生境的异质性降低,水生态系统的结构与功能发生变化,生物群落多样性降低,引起生态系统退化。

4.3.2 湿地生态现状

长江流域沿岸湿地、河流湿地、湖泊湿地、沼泽湿地、人工库塘湿地等五大类型湿地总面积约 17.4 万平方千米,约占长江流域面积的 10%,是我国重要的湿地分布区域之一,其中国家重要湿地有 11 处,主要分布在云南、湖南、湖北、江西、江苏、上海等地(罗小勇 等,2011)。长江流域湖泊湿地众多,是我国大型淡水湖泊的主要分布地,流域湖泊面积 1.52 万平方千米,约占我国湖泊总面积的 20%,其中鄱阳湖、洞庭湖、太湖、洪泽湖、巢湖依次为我国五大淡水湖泊。

(1)湿地面积锐减。第一大淡水湖鄱阳湖面积 1954 年为 5053 平方千米,1999 年降为 3872 平方千米,2014 年则降为 3150 平方千米。从 20 世纪 50 年代,湖北百亩以上天然湖泊 1332 个,面积 8528 平方千米,素有"千湖之省"的美称,90 年代只剩下 325 个,面积缩减为 2730 平方千米,2015 年恢复到 728 个,比 20 世纪 50 年代减少了 45%。洞庭湖水域面积 19 世纪初为 6000 平方千米,1949 年下降为 4350 平方千米,1984 年下降为 2145 平方千米,2014 年恢复到 2740 平方千米,近 80 年来减少了近 2500 平方千米(王越 等,2011)。据调查统计,新中国成立以来长江中下游地区有 1/3 以上的湖泊面积被围垦,围垦总面积达 13000 多平方千米,这约相当于五大淡水湖面积总和的 1.3 倍(姜加虎 等,2006)。仅洞庭湖、鄱阳湖、江汉平原湖泊群由于围垦和淤积而丧失的淡水储量能力就达 350 亿立方米,超过两座三峡水库的防洪库容(肖义 等,2012)。

(2)湿地水质下降。长江中下游湖泊湿地存在水环境质量下降、水体富营养化问题严重,资料表明,长江流域 69% 的湖泊处于富营养化状态,60 余个重要湖泊中 80% 存在严重富营养化现象(廖文根,2015)。近年来,巢湖、太湖蓝藻水华有频繁发生的现象,已经被国家连同滇池一起列为污染最严重的三个淡水湖泊,其中,巢湖水环境问题更为突出,已成为我国五大淡水湖中污染最为严重的湖泊之一(杜耘,2016)。

(3)水生物种受到威胁。湿地的退化和萎缩导致湖区水安全保障能力降低,水生态环境和生物多样性面临威胁;长江渔业资源严重枯竭;流域水鸟栖息地的减少和破坏直接威胁着众多稀有鸟类的生存,珍稀物种生存面临严峻挑战(廖文根,2015)。长江流域水生生物栖息地的萎缩,引发本来就脆弱的水域生态危机,水域生物链遭到破坏,造成水生生物大量消亡,部分物种面临灭绝的境地,白鳍豚、中华鲟、胭脂鱼等国家重点保护水生物种生存环境面临严重威胁。

4.3.3 植被生态现状

(1)森林覆盖率锐减。相关研究表明,长江流域森林面积占全国森林面积的56.5%(杜耘,2016)。20世纪初长江流域森林覆盖率30%,1957年减少到22%,1986年仅为10%。近20年来随着国家退耕还林政策的落实,虽有一定程度的恢复,全流域森林覆盖率2005年已恢复到30.5%,但山地森林覆盖率平均也只有约17%,其中防护林面积仅占林业用地的14.8%(谢影 等,2002),不能充分发挥森林植被的环境改善和防灾减灾效能。

(2)水土流失严重。近几十年来,长江上游地区水土流失极为严重,2012年重点水土流失区的金沙江下游及毕节地区、陕南和陇南地区、嘉陵江中下游地区、三峡库区(即"四大片")的水土流失面积就达到18.9万平方千米。长江流域水土流失面积20世纪50年代为29.95万平方千米,1985年已增加到56.2万平方千米,2010年为55.18万平方千米,占流域土地面积的36.2%,年平均土壤侵蚀量为24亿吨(曹新,2016)。近年来,各地不断加大对水土流失的治理,截至2015年底,全流域还有水土流失面积38.5万平方千米,占流域总面积的21%(杨亚非 等,2016b)。2016年长江流域内实施中央预算内投资的水土流失重点治理工程、坡耕地综合治理工程、岩溶地区石漠化治理工程及中央预算专项资金实施的国家农业综合开发水土保持项目和国家水土保持重点建设工程,共完成水土流失治理面积4293.81平方千米(长江年鉴编纂委员会,2017)。

(3)石漠化加剧。长江流域石漠化现象较为严重。根据2010年我国水土保持情况普查结果,长江流域石漠化面积已达到7.23万平方千米,贵州、云南、重庆等地有均有大面积石漠化发育,其中乌江流域石漠化最为严重(崔鹏 等,2008)。石漠化还会造成植被结构简单化、生态系统简单化,导致生物多样性锐减(潘少军,2012)。研究表明,石漠化末期阶段,群落的生物量只有未退化之前的1/200(国家林业局,2012)。

4.3.4 气候生态现状

(1)长江源头气候生态恶化。由于气候变化原因,导致长江源出现了冻土环境恶化、植被退化、冻融侵蚀和土地荒漠化等四大生态问题(梁川,2013)。研究表明,20世纪60年代以来,长江源区平均气温呈现逐步上升的趋势,近10年来上升较快,年平均气温比20世纪60年代上升了1.42℃。2009年长江源头冰川总面积比1997年减少了126.33平方千米,总面积减少了11.8%(卫庶,2012)。

(2)陆地生态系统结构发生重大变化。由于气候变化和人类活动的共同影响,长江流域陆地生态结构正在发生重大变化。研究表明,长江流域气温在未来50年均呈上升趋势,降水量在流域西部和北部地区呈现增加趋势,在中东部地区呈现减少趋势。与气温和降水量未来变化格局相对应,流域内除青海、川西地区、长江入海口植被净初级生产力(NPP)、植被碳密度和土壤碳密度增加外,中部和东部地区生态系统的 NPP、植被和土壤碳密度均呈下降趋势。从生态系统来看,只有草地生态系统的 NPP 呈增加趋势,森林、灌丛和农地均有不同程度的减少,其中森林 NPP 的降幅最大(苗茜 等,2009)。

(3)极端天气气候事件频发。由于人类活动与自然因素的综合影响,长江流域气候不断出现大范围的异常现象,极端天气气候事件频繁发生,给长江流域经济社会的可持续发展和人民群众的生命财产造成了严重影响和损失。近些年来,长江流域极端天气气候事件呈现逐年增多的趋势。暴雨洪涝、干旱、台风、高温热浪、低温霜冻等极端天气时有发生。

第5章 长江经济带气象保障进展

长江经济带气象服务,是长江经济带发展运行安全和提高发展效益的重要保障。气象、水利、交通等部门都非常重视长江经济带气象保障体系建设和气象服务保障工作,特别在保障长江水道安全方面,三部门基本形成了共同合作的服务机制。

5.1 长江经济带气象保障现状

5.1.1 气象部门长江经济带气象保障现状

(1)气象防灾减灾综合保障体系的情况

长江经济带各省(市)基本建成了"政府主导、部门联动、社会参与"的气象防灾减灾机制和多灾种气象灾害监测预警部门联动机制。出台了气象防灾减灾专项预案,推进了气象防灾减灾体系标准化和网格化服务管理,气象防灾减灾和应急处置能力稳步提升。

在长江上游区域,截至2015年,云南省16个州(市)、79个县成立了政府气象防灾减灾机构。省级、州(市)级政府(100%)、123个县(区)政府(98%)出台气象灾害应急预案。在雷电灾害高风险区农村建设了9个防雷减灾示范工程,建立了304人组成的气象应急队伍。贵州省76个县防灾减灾工作纳入地方绩效考核体系,83个县、1371个乡镇建立气象防灾减灾领导机构。建立气象灾害防御责任人、联络员、气象信息员队伍,达31149人。气象信息员管理纳入地方政府职责。安顺市自然灾害应急广播电台投入使用,覆盖到所有行政村,防灾减灾成效明显。贵州建立灾害性天气预警信息手机短信免费登记的服务新机制,有效提高了气象预警信息覆盖面和预警时效。目前登记用户已达1086万户,占全省手机用户数的三分之一,预警信息发布时效从审核通过到用户收到预警信息最快8分钟,一般在25分钟之内。该服务机制入选中国气象局2015年全面推进气象现代化阶段性亮点成果。四川省完成省市县三级气象灾害应急预案体系建设,98个县建立气象防灾减灾领导机构。

在长江中游区域,仅湖北在"十二五"期间决策服务上,常年为各级政府及部门负责人发送的气象预警短信就超过11.3万条,为省委省政府领导提供的决策气象服务材料超过1500期,在2011年9月汉江秋汛杜家台分洪、2012年6月两次异常雾霾天气过程、2012年7月长江中游形成1998年以来最严重的汛情、2013年全省严重干旱中均发挥了重要作用。公共服务上,在5个省级、45个市级、114个县级电视频道每天播出600多分钟气象节目,开办了45个气象官方微博/微信,粉丝总数约17万人,气象短信服务用户约300万户,12121气象电话年拨打量近亿次。全省建成农村预警大喇叭16213套、电子显示屏2833个,基层气象信息服务站1462个。开展了农村网格化气象服务工作,与三大通信运营商建立了橙色以上预警信号全网发布绿色通道。

在长江下游区域,仅浙江就建成气象防灾减灾标准化示范村1023个,发展气象信息员队伍4.1万人,与18个部门签署了战略合作协议,联合开展了16种灾害预警。

长江经济带各省(市)气象防灾减灾职能进一步加强,有些县级政府出台气象灾害应急准备制度管理办法和气象灾害防御规划,县级和乡镇出台或制定气象灾害应急专项预案,有些村屯还制定了气象灾害应急行动计划。截至2018年,长江经济带各省(市)已制定气象应急预案的县级数865个,占县级政府总数的86.85%;成立县级气象防灾管理机构931个,占县级政府总数的93.47%;成立乡镇(街道)气象防灾协调机构17528个,占乡镇(街道)政府总数的99.73%(图5.1)。

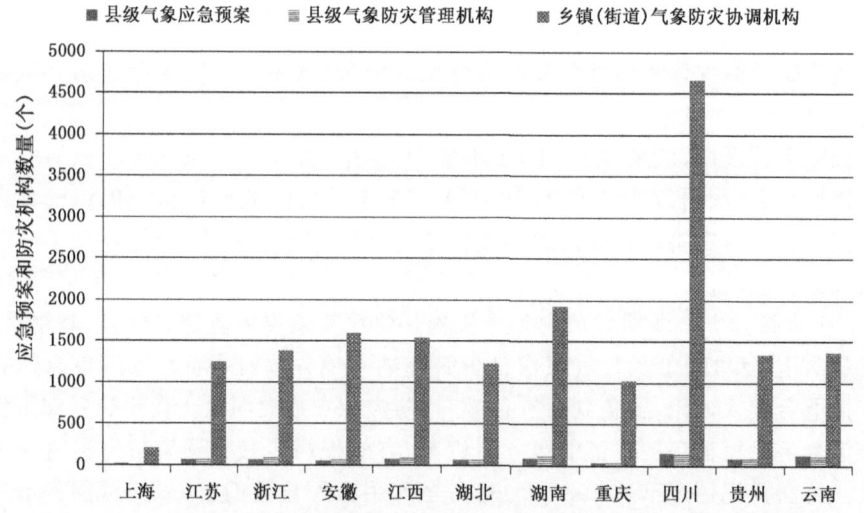

图5.1　2018年长江经济带各省(市)县级气象应急预案与防灾机构情况
(数据来源:2018年气象现代化原始数据)

各地均建立了决策及公共气象服务运行管理机制和业务服务平台,形成了一批种类多样、科技含量高和服务质量好的服务产品,畅通了决策服务专线、电视电台、

12121气象电话、移动短信、国家突发事件平台、微博客户端等多种渠道,向地方党委政府、气象灾害防御责任部门、基层气象信息服务站、社会公众提供的各项服务受到了广泛欢迎和关注。

从图5.2可以看出,长江经济带各省(市)服务区域经济发展得到了社会的普遍认可,2015—2018年气象服务满意度各省(市)均在83%以上,其中中部地区气象满意度相对较高。2018年长江经济带各省(市)气象服务满意度平均为90.7分。

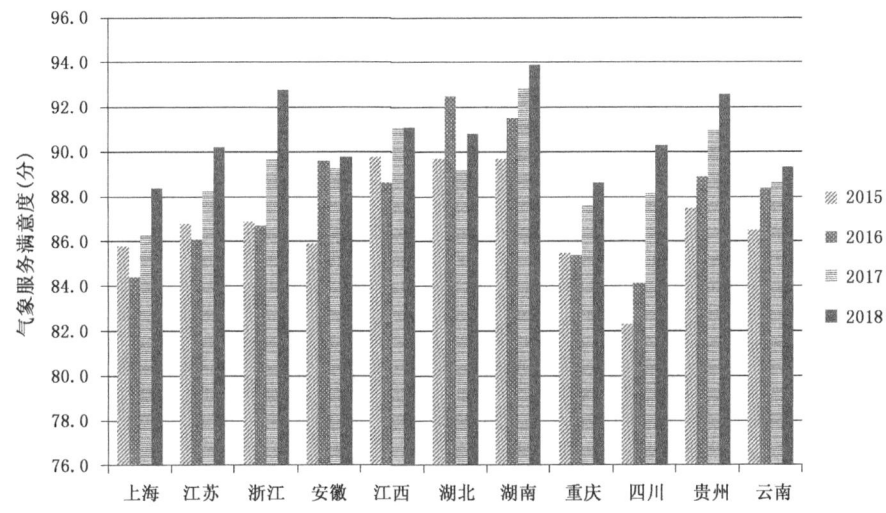

图5.2 2015—2018年长江经济带各省(市)气象服务满意度
(数据来源:2018年气象现代化原始数据)

(2)气象预测预报能力

依托高性能计算机系统,上海、湖北、四川相继建立了华东、华中、西南区域高分辨率数值天气预报业务系统,初步形成了精细化、网格化、数字化的预报预测产品体系,短时、短期预报精细到乡镇,中期预报精细到县域,城镇天气预报时效延长到7天。逐步实现了气象预警服务从单纯的天气预警,到面向对象的灾害性天气风险预警的转变,促进了气象要素预报向定量、落区及影响程度预报方向延伸。

上海已向公众发布空间分辨率达3千米的精细化格点预报,台风路径预报24小时误差小于100千米;浙江已形成了0~240小时精细化、网格化、数字化预报预测产品体系;江苏提高空间分辨率到重点区域1千米×1千米,提升时间分辨率到0~2小时逐10分钟、2~24小时逐时、24~72小时逐3小时、72~168小时逐6小时。湖北实现了区域9千米、省内3千米的暴雨精细化数值预报。

安徽推进以数值模式产品释用技术为支撑的气象要素精细化预报业务及以多源资料同化技术为基础的灾害天气预报预警业务,建立6小时内逐时更新、格点分辨率

1千米、站点精细化至乡镇,24小时内逐3小时更新、分辨率3千米的气象要素预报业务;自主研发模式降尺度方法,提出以历史预测性能为依据的多模型综合集成方案。

长江经济带沿线各省(市)晴雨预报准确率大多在78%～90%,准确率自上游至下游呈逐渐增高(图5.3、图5.4)。暴雨预报准确率多在14%～50%(图5.5、图5.6)。以湖北为例,2018年,24小时晴雨、高温、低温预报准确率分别达到86.23%、79.71%、89.76%,月气候气温和降水预测准确率为86.4%和77.4%,24小时暴雨预报准确率为26.23%。

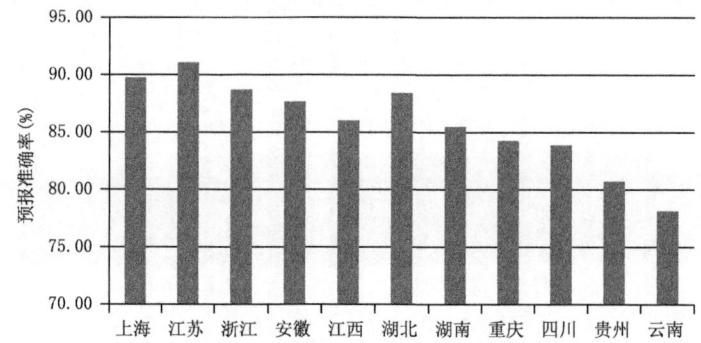

图5.3 2015年长江经济带各省(市)24小时城市晴雨(雪)预报准确率
(数据来源:气象统计年鉴(2015))

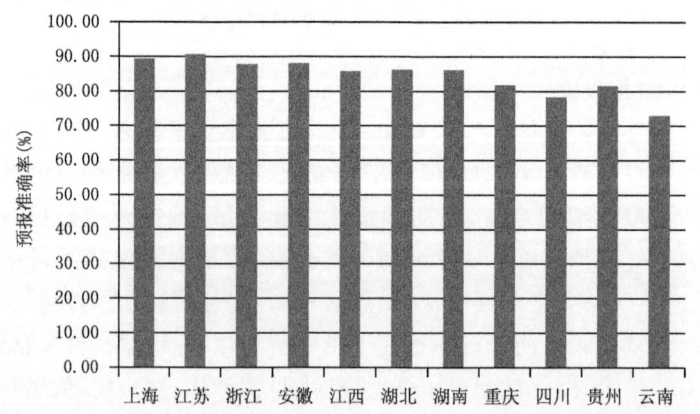

图5.4 2018年长江经济带各省(市)24小时城市晴雨(雪)预报准确率
(数据来源:气象统计年鉴(2018))

(3)综合观测能力

2015年底,长江经济带各省(市)已完成65部新一代天气雷达布设,探测范围覆

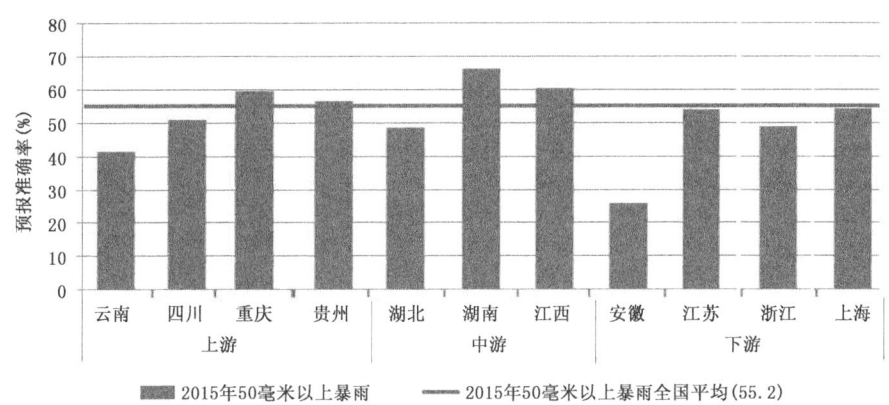

图 5.5　2015 年长江经济带各省(市)暴雨预报准确率
(数据来源:气象统计年鉴(2015))

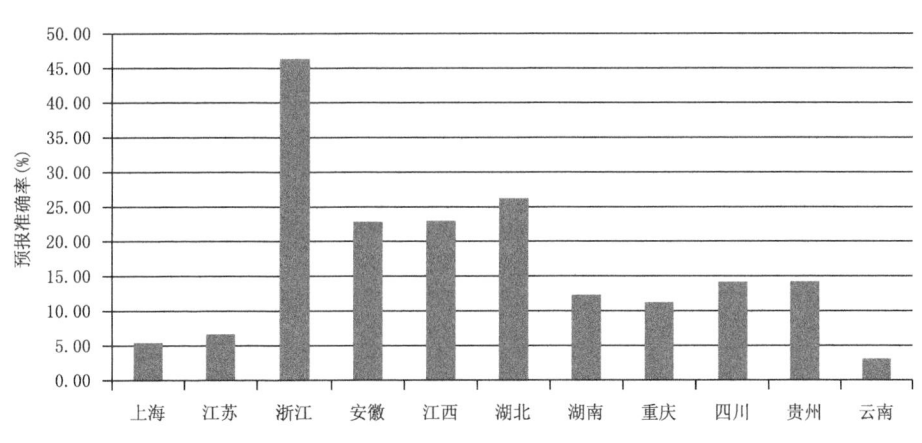

图 5.6　2018 年长江经济带各省(市)暴雨预报准确率
(数据来源:2018 年气象现代化原始数据)

盖了整个长江黄金水道(图 5.7、图 5.8),并布设国家级自动气象站 895 套,平均间距 47.72 千米;区域自动气象站 22079 套,平均间距 9.61 千米,站点布局整体东密西疏,特别是在云南、四川、贵州,自动气象站布设仍显不足(表 5.1),多数省(市)乡镇覆盖率达到 100%,2018 年除云南、四川省外,其他全部达到 100%(图 5.9、图 5.10)。专业观测、特种观测能力也得到了不断加强,仅湖北就建成了 12 个长江沿线能见度、120 个交通气象、194 个旅游气象、30 个负氧离子、32 个酸雨、30 个农业气象、46 个土壤水分、4 个紫外线、4 个生态、3 个大气成分、14 个太阳能观测站,30 多个风能观测塔、5 个闪电定位仪、3 个大气电场仪等专业气象监测网,建立了覆盖全省主要高速公路和主要旅游景区的交通和旅游气象服务业务。湖北区域气象观测站(简称区域站)达 2422 个,平均站间距 9 千米,建成 L 波段探空雷达站 3 部、风廓线雷达 5 部、新一代天气雷达 8 部、车载 X 波段雷达 1 部、气象卫星地面接收站 17 个、GPS 水汽监测站 92 个、微波辐射仪 3 个、雷电监测站 19 个,形成了基本覆盖全省的气象灾害和极端天气事件立体监测网络。重庆全市 35 个台站全部完成新型站升级改造;启动风云三号卫星省级接收站建设;完成涪陵新一代天气雷达站址勘选及电测环境测评工作;完成 6 个气溶胶观测站、14 个太阳辐射站、7 个紫外线辐射站建设;积极推进"气象云"工程建设,已部署 68 台虚拟服务器。浙江共享外部门观测站点 3300 个,站网密度达到 4.3 千米,形成周边区域分钟级网格化监测产品。上海全市所有地面观测台站实现全要素自动观测和流数据传输,新型观测资料已全部进入 MICAPS 平台。

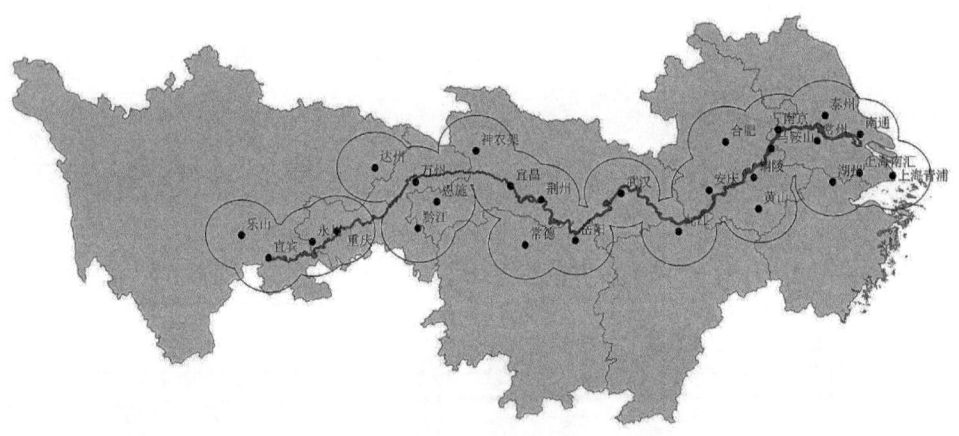

图 5.7 2015 年雷达 100 千米的探测距离覆盖示意图(王海燕 等,2018)

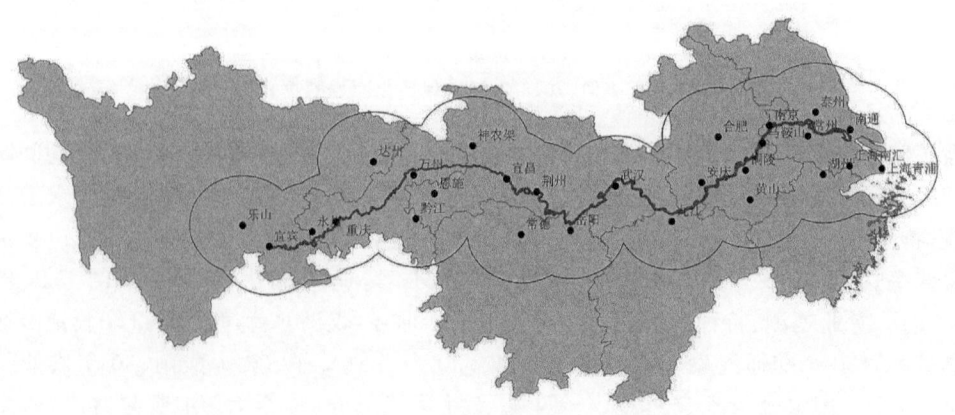

图 5.8 2015 年雷达 150 千米的探测距离覆盖示意图(王海燕 等,2018)

表 5.1 2015 年长江经济带各省(市)自动气象站布设及分析汇总表

省(市)	国家级自动气象站数量(套)	区域自动气象站数量(套)	省(市)面积(万平方千米)	国家级自动气象站平均间距(千米)	区域自动气象站平均间距(千米)
上海	12	217	0.63	22.91	5.39
江苏	70	1231	10.26	38.28	9.13
浙江	62	1947	10.20	40.56	7.24
安徽	81	1962	13.97	41.53	8.44
江西	91	2307	16.70	42.84	8.51
湖北	81	2145	18.59	47.91	9.31
湖南	97	3454	21.18	46.73	7.83
重庆	35	1759	8.23	48.49	6.84
四川	156	4041	48.14	55.55	10.91
贵州	85	1664	17.6	45.50	10.28
云南	125	1352	38.33	55.38	16.84
合计	895	22079	203.83	47.72(平均)	9.61(平均)

(数据来源:气象统计年鉴(2015))

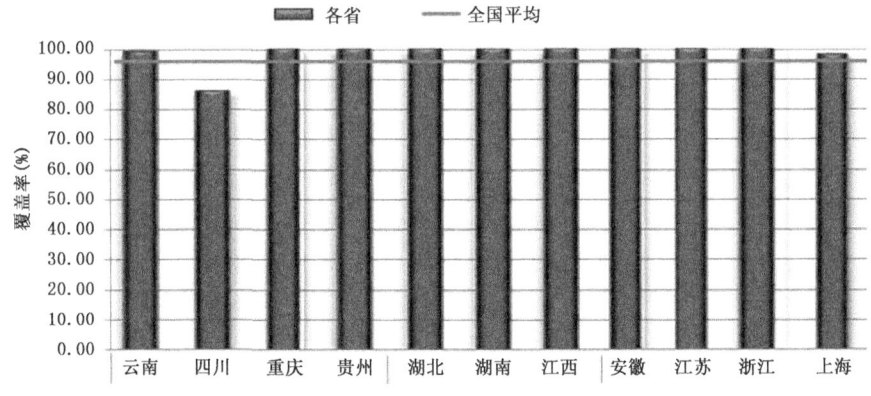

图 5.9 2015 年长江经济带各省(市)区域自动气象站乡镇覆盖率

(数据来源:气象统计年鉴(2015))

(4)水文气象服务能力

2009 年 12 月,中国气象局组建长江流域气象中心,建立了上游、中游、下游分段组织实施的流域气象服务工作机制,成立了以矫梅燕副局长为组长的长江流域气象服务协调委员会,形成了《长江流域气象服务办法》等相关业务规定,成立了长江流域中心办公室和水文气象预报台。整合流域气象部门资源,形成了整体面向地方政府、

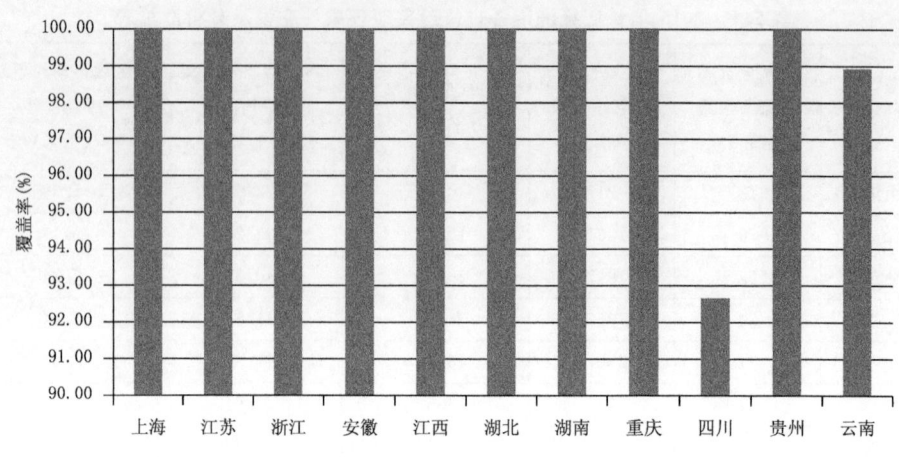

图 5.10　2018 年长江经济带各省(市)区域自动气象站乡镇覆盖率
(数据来源:2018 年气象现代化原始数据)

流域管理机构和水利水文部门开展气象服务的格局。

2011 年 4 月,长江防汛抗旱总指挥部(简称长江防总)将长江流域气象中心列入其成员单位,长江流域气象中心主任担任长江防总副秘书长,每年定期参加长江防总指挥长会议。2011 年 7 月,《中国气象局与中国长江三峡集团公司战略合作框架协议》正式签署,双方共同建设长江流域气象中心专业气象服务体系。目前流域中心的合作对象包括水利部长江水利委员会水文局、长江海事局、三峡集团、国土资源部三峡地灾防治指挥部、国家电网和地方电力部门等多家单位,服务对象包括水利部长江水利委员会、长江防总、三峡集团、流域各省(市)应急管理办公室和防汛抗旱指挥部办公室及气象部门,部门合作、省际合作的层级大幅提升。

通过多年的技术研究和业务建设,长江流域气象中心取得了一系列成果:一是流域科研项目跨省份、跨部门联合攻关成果突出,国家专项支持和部门合作、局企合作多项支持取得成效,"三峡工程水库调度关键期流域气候特征及预测方法"正式发布,"流域水文气象耦合关键技术研究及应用"获中国气象学会 2015 年气象科学技术进步成果二等奖;二是流域服务业务关键技术取得了显著进展,开展了"流域定量降水估测""流域精细化面雨量预报""流域旱涝气候趋势预测""流域水文气象耦合模型""长江上游洪涝风险预估模型""流域水文气象信息共享平台"等六大关键技术研发,形成了集综合监测、预报预测、风险评估、共享服务为一体,涵盖短时、短期、延伸期、中长期各时效的流域服务业务,长江流域气象服务综合业务平台在流域 12 个省(市)应用,710 个自动气象站、12000 多个区域站、58 部新一代天气雷达实现联网,八大类46 种产品实现了流域各省实时共享;三是长江流域防汛抗旱、水库科学优化调度气象服务屡次建功,为 2011 年汉江杜家台分洪、2012 年三峡建库以来最大洪峰、

2012—2014年金沙江—三峡梯级水利枢纽联合调度及蓄水等提供了周密及时的气象服务,赢得了各级领导的肯定,取得了良好的社会效益。

(5)气象信息化水平

通信网络技术进一步规范化,带宽逐年递增,区域、省级建成万兆骨干局域网,省地宽带到达20 Mbps,地县宽带到达4 Mbps;数据库技术在气象业务领域并迅速普及,已经成为支撑业务系统和管理系统的核心;GIS和计算机绘图技术逐渐应用到核心业务领域,成为天气预报、气候预测和气象服务等业务系统的核心技术;多媒体技术在视频会商领域得到了普及应用,气象预报的工作模式发生了深刻变化;移动通信技术的快速应用,大幅提高了气象观测、人工影响天气以及预警信息发布的业务能力;CIMISS系统初步建成并实现试验运行,气象数据标准化、集约化得到加强,为气象大数据应用,开展云计算、云存储、云服务打下了一定的基础。以海量区域站数据应用为例,在信息化支撑下,长江经济带内各省(市)地面自动气象站数据可用率均达到了99%以上(图5.11)。各省(市)还围绕区域发展开展了特色工作。

①贵州成为金云工程试点省份,气象大数据应用创新中心落户贵阳。

②重庆市气象局与中国科学院重庆绿色智能技术研究院合作扩建高性能计算机集群,已落实经费3200万元;全市广域网主备线路宽带分别从4兆和10兆均扩展为16兆。

③浙江省气象局深化部门联络和共享机制,实现水利、电力、电信、环保和测绘等部门3977站资料在省级数据中心统一存储,通过数字化平台、自动气象探测业务系统等实现业务共享。

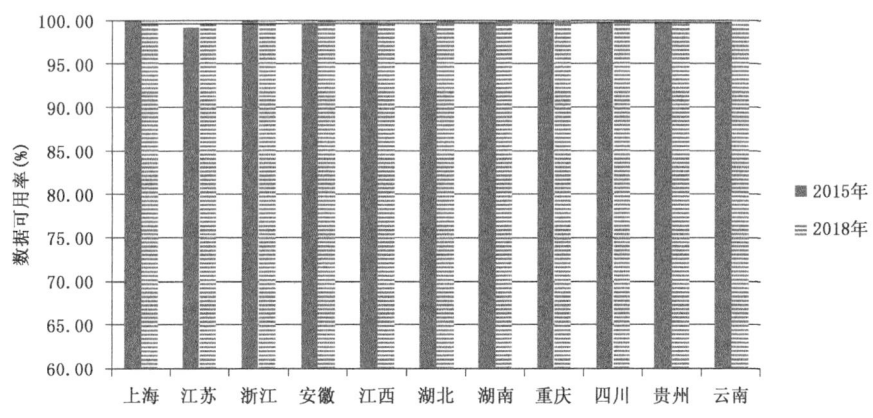

图5.11 2015、2018年长江经济带各省(市)地面自动气象站数据可用率
(数据来源:气象统计年鉴(2015),气象统计年鉴(2018))

(6)科技创新能力

长江经济带沿江各省(市)气象局聚焦重点领域,积极争取国家专项支持和部门

合作、局企合作,开展了一系列跨省份、跨部门科研项目联合攻关。研发了一批具有实用性的科技成果,流域水文气象服务、交通气象保障、能源气象服务、城市气候服务、冰冻雨雪预警等多项成果获省部级科技奖励。科技创新体制机制得到完善,科技资源配置得到优化,科研共建合作机制不断深入。各省(市)相继成立特点鲜明、具有活力的气象服务团队。其中仅湖北就组建了中尺度天气分析预报、流域水文气象预报、气象灾害风险评估、农业气象服务、能源气象、交通气象等七个创新团队。

安徽省气象局与安徽大学、四创电子股份有限公司联合共建农业生态大数据实验室、气象雷达应用研究实验室等科技创新平台,以科技项目为纽带开展联合攻关。

上海市气象局强化多元合作机制,与华东师范大学、同济大学、复旦大学共建上海气象科技联合中心,与华东师范大学签署合作协议,与同济大学共建重点实验室;推动区域协同创新,构建区域气象科技资源共享平台,制定访问学者管理办法;拓展深化国际合作,启动3项WMO示范项目。

5.1.2 水利部门长江水文气象保障情况[*]

多年来,长江水利委员会水文局为流域防洪减灾,葛洲坝、三峡、南水北调等一系列工程的设计、施工,以及流域规划、城市建设、环境保护等方面,提供了准确可靠的分析研究和设计成果,收集了较为完整的系列水文测验资料近2.8万站·年,取得了重大的社会效益和经济效益。在应对四川汶川特大地震、青海玉树大地震和甘肃舟曲特大泥沙流等重大突发事件中,积极开展水文应急监测与预测预报,为抢险救灾的顺利进行做出了重要贡献。

(1)水文气象预报

长江水利委员会水文局所辖7个水文水资源勘测局(水环境监测中心)分布在重庆、宜昌、荆州、襄阳、武汉、南京和上海等地,已形成基本控制全流域的水情监测站网。在长江干流及重要支流控制断面设有水文站118个、水位站233个、雨量站29个、蒸发试验站2个、水质监测断面226个、河道固定断面4200多个。接收流域15个省(市)部门的水情报汛站总数达3000余处,预报覆盖面积140万平方千米以上,发布预报河段长达3600千米以上。

经过多年的业务建设和科学研究,长江水利委员会水文局的短、中期水文气象预报技术手段不断更新,气象卫星、雷达等遥感信息、数值预报等高新技术得到广泛运用,预报精度明显提高。采用.NET平台和组件技术,开发基于B/A/S模式的大型洪水预报通用系统(WISHFS),实现了长江流域主要预报站点水位、流量的自动/交互预报功能和无纸化作业。采用"短、中、长期预报相结合、水文气象相结合"的技术路线,建立适合长江流域暴雨洪水特点的洪水预报方法体系,制作发布长江流域定量

---

[*] 引自长江水利委员会水文局网站(2016年)。

降水预报及短、中、长期水情预报,为长江流域防汛抗旱及水资源综合利用提供技术支持。

2014年,建成投入运行的长江上游水库群信息共享平台成为水情分析预报的重要支撑。通过信息共享将长江流域的雨量站网扩展至近8000站,并据此重新构建了以水库和防洪代表站为节点的预报体系。开发完成的长江防洪预报调度系统,采用现代洪水预报技术及数值天气预报技术,以云计算为依托,并根据《长江上游水库群联合调度方案》等搭建调度规则库和调度模型库,实现了覆盖整个长江流域大中型水库、主要湖泊、重要防洪城市等在内的预报调度计算。目前预报覆盖面积从140万平方千米扩展至接近全流域,预报河段从3600千米延长至4300千米。

近年来,长江水利委员会水文局在长江三峡、金沙江溪洛渡、向家坝、大渡河瀑布沟等大型水库施工现场开展了施工水情预报工作。随着长江干、支流梯级水库群的相继建成,开展了以三峡水库为核心的长江上游梯级水库群联合预报调度初步探讨。为满足流域水资源综合利用和管理需求,开展了以发挥水库综合效益为目标的中小洪水预报调度技术应用研究,同时,在水资源预测配置和山洪灾害防治等领域开展了大量的前期探索和应用研究工作。

(2)水文测报技术研究

长江水利委员会水文局长期致力于水文仪器及遥测产品的研究、开发、生产和水文自动测报系统规划、设计与集成。成功研制开发出具有自主知识产权的,将先进的计算机技术、远程控制技术、通信技术有机地结合在一起的YAC系列遥测设备产品,并获得国家质量监督检验检疫总局颁发的全国工业产品生产许可证。其中YAC9900遥测终端设备支持IN.C、北斗卫星、PSTN、VHF、GSM、GPRS等多种通信方式进行系统组网,具有多种水位、雨量传感器接口,大容量存储,其设备性能、技术指标及可靠性等方面达到国内领先水平。自主开发的多个软件产品以其界面友好、操作简便、功能强等优点在水情自动测报系统中得到广泛应用并得到用户好评。

先后承建了我国中部、西部及沿海地区水利、水电部门的河道、水库、电站、灌区、城市防洪、中小河流治理、山洪灾害防治等50多个水情自动测报系统工程。完成了"长江防汛指挥系统工程""南水北调丹江口大坝加高工程水情自动测报系统""三峡水利枢纽梯级调度自动化系统""中澳合作长江防洪及管理项目""中日合作汉江中下游洪水预警系统",以及"全国山洪灾害防治规划"等多项大型水利工程水情自动测报系统的规划、设计和建设。

历时4年(2013—2016年)建设,国家水资源监控能力建设项目一期已完成长江水利委员会本级项目终验。2016年所有设施设备、监控信息平台系统投入运行,同时组织开展根据水资源监控能力建设二期项目,完成汉江流域水资源预报调度系统方案设计。编制完成《长江重要控制断面水资源监测通报》《长江泥沙公报》《长江流域及西南诸河水资源公报》。

(3) 水文水资源分析与研究

长江水利委员会水文局先后完成长江流域及西南诸河综合规划、长江流域防洪规划、长江口综合整治规划、全国山洪灾害防治规划、滇中引水规划、长江流域重要支流规划等数十项水利前期规划项目的水文分析和水资源研究;完成长江三峡和葛洲坝、乌江构皮滩和彭水、嘉陵江亭子口、汉江丹江口、清江水布垭、澧水皂市等数十座水利枢纽或水电站及南水北调中线、长江重要堤防隐蔽工程的水文分析计算;完成全国内陆20多座核电站,高速公(铁)路、桥梁等数百项涉水工程以及汶川特大地震、舟曲特大泥石流与巴基斯坦喀喇昆仑公路堰塞湖等自然灾害处置方案编制的水文水资源分析与研究,或相关水资源论证、防洪评价、河势演变及水文监测资料使用论证;完成长江流域及西南诸河第一、二次水资源综合规划的水资源评价。

长江水利委员会水文局成功探索频率计算方法,提出在我国采用数学期望公式计算经验频率、频率曲线线型采用 P-Ⅲ 型较为合适;1958年率先在三峡工程设计中,开展可能最大暴雨(PMP)与可能最大洪水(PMF)研究,这一研究方法在全国推广应用;提出入库洪水与坝址洪水的差别视水库形态不同而不同,当动库容较大时应以入库设计洪水和动库容作为调洪计算的依据;深入开展产、汇流研究,建立"长办汇流曲线",该方法被写进高校水文水资源专业教科书。上述成果均被列入规范中。近年来,开展了初始水权分配及水库提前蓄水等专题研究,取得了良好的效益。

(4) 水文测验

长江水利委员会水文局各类测站主要分布于长江干流金沙江上段至长江口、主要支流的下游河段或出口控制站、洞庭湖水网区和出口水道、鄱阳湖出口水道,水文测站跨越15个省(区、市)。

水位和降水量项目全部实现自动采集、存贮和远程遥测、传输。流量、泥沙项目主要利用水文缆道、水文测船为渡河设施,流量测验以声学多普勒流速仪与旋转式流速仪测速为主,有的水文缆道站配备了智能缆道测验系统,实现了流量的自动控制测验;悬移质泥沙测验以自行研制的调压积时式与横式采样器为主,推移质(含沙质与砾卵石)泥沙测验也是以自主研制的系列采样器进行测验;泥沙颗粒级配分析全部使用激光粒度分布仪。开展了墒情观测、地下水观测,以及水上、陆上蒸发量的观测试验。

研制开发的南方片水文资料整汇编软件,在全国大部分省级水文部门推广使用。探索使用现场测沙仪器进行含沙量测验,并向中国三峡集团公司进行了泥沙报汛。

5.1.3 交通气象保障情况

围绕智能交通(ITS)发展,长江经济带各省(市)气象、交通部门按照"共建、共享、共营"原则,"由点到线、由线到面"逐步推广建设形成了一定的交通气象保障能力。

(1) 交通气象观测站网逐步建立

长江航运交通方面,交通部长江航务管理局所辖海事局和地方海事局为保障长江船舶航行安全,在沿线港口、码头建设有高清实景观测和部分气象观测站,但这些气象观测站设备未能按照统一标准而定期进行标校,气象观测数据的可靠性难以保障。

长江航道部分区段的气象观测站点,由气象与交通部门合作建设。早在2003年,重庆气象部门就联合长江航道和海事部门在长寿、涪陵、丰都、忠县等9个区(县)的港口、趸船上布设了观测站点,就江面能见度、水面温度、气温、风向、风速、降水、天气现象、大气污染、降水、雾情、水位变化等进行监测。2007年12月,"三峡库区长江航道航行安全气象保障服务系统"三期工程完成建设,至此,全长680千米的长江重庆段上建成了29个长江航道安全气象观测点,空间间隔从以前的50～60千米缩短到20多千米,时间间隔达到分钟级,所有站点全部实现了自动、全天候观测。2015年,重庆气象部门还完成了沿江能见度观测站的升级改造,对老化设备进行了更换或标校。

安徽省气象部门联合地方海事部门建立合作机制,针对港口、航道安全问题加强大风、大雾、雨雪、雷电等影响航运天气条件的监测,2015年,已在长江安徽境内建成5千米格点的长江航运气象观测网。

在公路交通气象监测网建设方面,江苏已建成304个多要素公路交通气象监测站,平均间距10～15千米。通过数据专线实现观测信息在交通、气象部门间的实时共享。与交通部门合作建成覆盖全省的背景能见度业务观测站70个,实时共享全省联网高速公路1600路监控视频图像信息,实现公路沿线交通气象灾害实景监测、道路通行状况监控。

湖北省气象部门依托省财政项目于2013—2015年先后建成183个交通气象观测站,覆盖湖北境内京港澳、沪蓉、沪渝、二广、大广、杭瑞、福银等全部国家高速公路。实现高速公路沿线雾、霜、积雪、结冰、大风、强对流、高温、路面湿滑等气象要素的高密度实时监测,及时提供气象灾害预警信息,并直通省高速公路应急指挥中心。湖北省气象部门还在重大节假日、极端恶劣天气时派员在省高速公路指挥大厅坐班,提供现场气象保障服务。

2018年,根据中国气象局印发的《关于加强公路交通气象精细化预报服务的通知》,编制交通气象服务业务规范,实现智能交通气象服务"一张图"。

(2)交通气象服务业务逐步发展

长江航运方面,重庆气象部门为更安全地保障长江航道航运安全,推出了长江航道航行安全气象等级预报,弥补了长江航道安全气象等级预报的空白。他们利用数值预报产品、能见度实况资料,采用客观分析方法建立起空间分辨率30～50千米、时间分辨率12小时、强度分辨率200米的未来72小时最小能见度等级BP神经网络预报模型,实现了数据资料查询和管理、预报模式输出、预警预报产品制作和分发等一整套工作流程的自动化和业务化。2007年,重庆市气象局已搭建起与港航部门指挥系统相匹配的产品加工平台,每30分钟一次(特殊情况每10分钟一次)的实况,包括能见度、气温、降水、风向、风速等数据,未来1小时的预警预报都能在指挥平台上实时显示。根据气象预报和实时信息，港航、海事等管理部门可以通过 GPS 系统对沿江船只进行指挥调度，一旦发现低于航行标准的天气，就可以采取停航、禁航等措施进行避让。2018年，与海事部门合作，提供"长江水道"航运安全智能服务，组织研发长江主航道航运气象服务业务系统建设，促进长江流域气象保障服务能力的提升。

公路交通方面，江苏气象部门开发了集交通气象监测、预警预报、服务产品制作与分发、交通气象信息共享于一体的交通气象信息服务业务系统(TMISS V1.0)，形成了包括交通气象日报、趋势预报、重要交通气象信息专报、交通气象实况监测信息、交通气象灾害预警、交通气象灾害临近预报、交通干线分路段预报产品等11种服务产品。服务对象涵盖省级交通联网指挥中心、各级交通运输指挥部门和各大收费站，以及公安、路政部门。

湖北气象部门开发了面向交通、公安等服务对象的湖北省交通气象监测预警服务平台，并投入了业务运行服务。开展了《华中区域高速公路交通气象预警服务系统建设》，实现了华中五省(湖北、安徽、河南、湖南、江西)交通气象信息共享，并形成了《华中区域交通气象基本监测产品技术规范》和《华中区域交通气象信息共享办法(试行)》。

5.2 长江经济带气象保障能力建设进展[*]

5.2.1 监测能力建设进展

(1)综合观测业务布局更加优化

优化站网功能和布局。截至2018年，长江经济带拥有气象观测站30577个，涵盖地面观测、高空观测、雷达观测、空间观测、农业气象观测、大气成分观测、风能观测、酸雨观测、气象卫星资料接收等(表5.2、表5.3)。重点强化了大气本底和气候系统观测能力，大气本底站在全球基准大气本底条件下开展包括温室气体、大气臭氧、气溶胶、太阳辐射、气象和边界层气象、降水化学等多个方面的观测，是世界气象组织全球大气监测计划的重要组成部分，对未来大气成分的变化起着早期预警、监视作用，长期、稳定、连续地获取全球基准大气本底监测资料为研究、评价、预测大气成分变化进而研究对气候变化的影响提供科学依据。为进一步优化大气本底站网布局，完善大气本底观测业务体系，2018年中国气象局印发了《大气本地站建设指导意见》，依托现有综合气象观测系统，建设布局合理、规模适度、技术先进、功能齐备的大气本底观测网，提升大气本底站的综合业务观测能力，形成先进的大气成分综合观测技术体系和完善的质量管理体系，建成功能完善的数据处理和产品服务平台，为长江经济带战略实施和经济社会发展提供强有力的科技支撑。

---

[*] 参考中国气象发展报告(2019)。

表 5.2　2018 年长江经济带各省(市)综合观测业务项目表(一)　（单位：个）

省(市)	气象观测站合计	小计	国家级地面气象观测站			合计	省级常规气象观测站				
			基准站	基本站	常规站		单要素	两要素	三要素	四要素	多要素
上海	267	46		1	45	212	45			129	38
江苏	2075	262	3	21	238	1778		45	1	290	1442
浙江	3253	260	3	20	237	2968	94	144	28	1564	1138
安徽	2336	295	4	20	271	2025	672			1056	297
江西	2562	380	5	21	354	2167	725	232		949	261
湖北	2663	327	5	27	295	2314	754	178		1063	319
湖南	3566	421	5	30	386	3124	1144	1451		392	137
重庆	1972	159	1	11	147	1805	1290		3	402	110
四川	5187	504	14	28	462	4648	2220	1000	1	1067	360
贵州	3509	373	5	29	339	3122	1463	1168	1	4	486
云南	3187	570	10	24	536	2598	1096	1119	3	32	348
合计	30577	3597	55	232	3310	26761	8213	6627	37	6948	4936
全国	64790	10714	212	633	9869	53395	13611	13285	51	15856	10592

（数据来源：气象统计年鉴(2018)）

表 5.2　2018 年长江经济带各省(市)综合观测业务项目表(一)(续表)　（单位：个）

省(市)	太阳辐射观测	自动土壤水分	雷电观测	国家空间天气观测站	国家高空气象观测站	国家天气雷达站		省级天气雷达				农业气象试验站	农业气象观测
						新一代天气雷达	风廓线雷达	天气雷达	风廓线雷达	相控阵天气雷达	激光雷达		
上海	1	1	4		1	2		6					1
江苏	3	87	25	1	3	9	3		13		3	3	19
浙江	2	26	11	1	3	10	7	3				1	13
安徽	2	85	7		2	7	1					3	22
江西	2	52	12		2	8	3	1				1	18
湖北	2	46	32	4	2	9	1	3				2	30
湖南	3	60	10		3	11		2	1			4	22
重庆	1	123	5		1	4	1	1				1	13
四川	7	190	24		7	10	1	4	11			2	45
贵州	1	119	12		2	8		3				1	18
云南	5	37	22		5	9		1				4	22
合计	29	826	164	6	32	87	17	20	32		3	22	223
全国	103	2312	476	56	120	220	55	78	68	7	8	69	653

（数据来源：气象统计年鉴(2018)）

表 5.3　2018 年长江经济带各省(市)综合观测业务项目(二)　　　(单位:个)

省(市)	大气本底站	国家应用气象观测站	大气成分观测	风能观测	酸雨观测	小计	省级静止气象卫星中规模接收	省级FY-3气象卫星资料接收	省级EOS/MODIS接收应用	省级FY-4气象卫星资料接收
上海		7	13	1	2	6	5		1	1
江苏		18	19		24	6	5	1		1
浙江	1				13	20	18	1		1
安徽		64		4	7	2		1		1
江西		49	4		12	10	9	1		1
湖北	1	2			32	17	16	1		1
湖南		11	1		6	10	8	1		1
重庆			7		35	5	4	1		1
四川		60	5	2	10	15	13	1	1	1
贵州		57			10	14	7	1	1	1
云南	1	21			6	10	8	1	1	1
合计	3	289	49	10	157	125	93	10	5	11
全国	7	1251	166	175	399	329	244	29	20	30

(数据来源:气象统计年鉴(2018))

推动全面实现地面气象观测自动化。从 20 世纪 90 年代后期开始,全国气象系统大力加强地面气象观测业务能力建设,地面气象观测业务得到了快速发展。随着现代科技的不断发展,气象服务保障长江经济带战略的新任务新要求、高时效精细化的气象预报服务新需求不断提高,地面气象观测也面临着全新的发展机遇和挑战,存在着现代观测技术应用不够充分、部分观测项目效益不显著、业务布局和流程不够集约高效、观测项目和任务设置不科学等问题,迫切需要进一步深化地面气象观测自动化改革,抓住新机遇、迎接新挑战,推动全面实现地面气象观测自动化。为稳妥推进地面气象观测全面实现自动化,自 2016 年起,中国气象局在 15 个省(区、市)气象局共 276 个国家地面观测站开展了前期试点,通过业务制度建设、新技术应用、业务流程与岗位职责优化等举措,在保证观测业务高质量运行、对预报服务无负面影响的前提下,可显著减少观测业务工作量,明显提升基层台站综合业务能力,最终实现中国气象局统一布局观测项目的自动观测、数据在线质控和实时快速传输,同时实现观测项目与气象预报服务需求紧密结合,促进观测效益的充分发挥。长江经济带各省(市)按照中国气象局的统一要求,全面完成国家地面观测站气象观测业务调整工作,实现地面气象观测自动化,地面观测业务质量稳定(表 5.4)。

表5.4 2018年长江经济带各省(市)地面自动气象站业务质量情况表

省(市)	设备稳定运行率(%)	到报率(%)	数据可用率(%)	综合指数(%)
上海	100	99.86	100	99.97
江苏	99.99	99.96	99.96	99.98
浙江	99.99	99.95	99.95	99.97
安徽	99.99	99.87	99.92	99.94
江西	99.99	99.86	99.91	99.94
湖北	99.99	99.8	99.85	99.91
湖南	99.99	99.98	99.83	99.95
重庆	99.99	99.83	99.99	99.95
四川	99.99	99.85	99.94	99.94
贵州	99.99	99.84	99.81	99.91
云南	99.99	99.83	99.96	99.94
全国平均	99.98	99.81	99.95	99.93

(数据来源：气象统计年鉴(2018))

促进观测试验基地和社会化观测发展。综合气象观测试验基地是现代综合气象观测业务体系的重要组成部分，是开展观测试验提升观测业务能力的重要支撑，是推进气象探测技术发展的重要设施，是观测与预报互动的重要平台。为促进综合气象观测试验基地的发展，中国气象局组织制定了《国家综合气象观测试验基地发展指导意见》，通过实行准入与退出动态管理机制，鼓励省级气象部门、行业部门、科研机构、企业和高校等采用自主创建、统一申报的方式，创建一批各具特色、功能全面、设施完善、技术先进、支撑有力的综合气象观测试验基地，作为观测试验业务体系的有力支撑平台，涵盖地面观测、探空观测、地基遥感观测、生态环境观测和海洋观测等多个技术领域，达到特定气候条件下观测设备的测试评估业务要求，形成行业内有影响力、国际一流水平的试验基地业务，满足国家气象发展战略和现代综合气象观测业务发展需求。试验基地是基本气象观测业务的组成部分，主要承担气象观测设备性能比对及测试、观测技术与预报应用方法的互动试验、中试和许可测评以及野外试验和检验四项业务任务。

作为综合气象观测系统的重要组成部分，社会气象观测的数据对于提升防灾减灾能力、助力生态文明建设、保障公民安康福祉等具有重要作用。为促进社会气象观测规范、有序发展，中国气象局出台了《社会气象观测发展指导意见》，面向生态文明建设、国家安全和社会经济发展等需要，按照"创新、协调、绿色、开放、共享"五大发展理念，创新组织形式，引导和规范社会气象观测活动，促进部门、行业与社会气象观测协调发展，推动多源气象观测大数据的共享互补、深度融合，促进新经济业态的发展，助力"数字中国""美丽中国""智慧社会"建设。

(2)综合观测体系建设取得新进展

大力发展智能观测,长江经济带观测自动化能力不断增强。"天脸识别"等新型观测装备技术示范应用,降水现象仪雨滴图谱算法不断完善,形成地域化、差异化的降水识别算法。研发了气温、降水多传感器融合系统,以确保地面观测数据的连续完整。到2018年,气象观测资料处理水平指标得分6.64,指标完成度达94.8%。实时气象观测资料可用率99.47%,其中自动气象站资料可用率99.99%、区域自动气象站资料可用率98.62%、雷达资料可用率99.28%,都较上年有明显提升,探空资料可用率保持100%。常规观测资料质量控制覆盖率达98%,较上年提高3个百分点。气象资料在线管理服务率方面,29类观测数据中开展在线管理服务的观测数据种类为27类,部分卫星观测数据也开展在线管理服务,气象资料在线管理服务率为95%。2018年通过开展大数据云平台核心能力建设,建立气象特色的大数据存储系统,气象信息集约化程度为72.9%,较上年大幅提升35.3个百分点,其中国家级基础信息资源集约化程度59.1%,数据资源集约化程度86.9%。

气象资料再分析技术不断丰富完善,优化了多来源观测资料整合与重处理技术,形成了更加完整的全球陆地、高空、海洋、风廓线定时值数据集,自主研发的常规观测资料统计分析、偏差订正和均一化技术取得较好应用效果,多源融合实况分析产品有力支撑智能网格预报业务。2018年,气象资料再分析水平指标得分9.04分,指标完成度90.4%,较上年提升12.2个百分点(图5.12)。

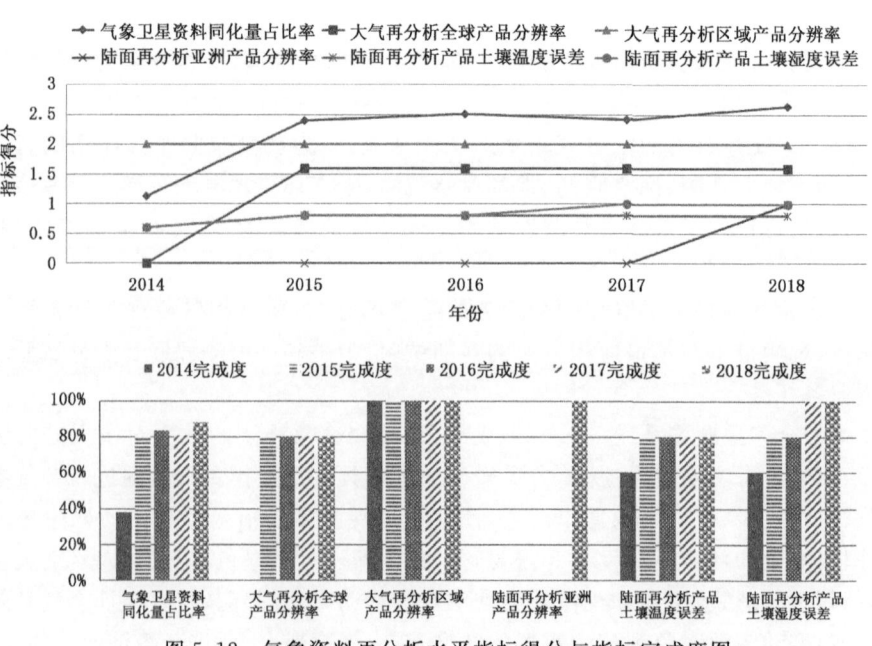

图5.12 气象资料再分析水平指标得分与指标完成度图
(数据来源:中国气象发展报告(2019))

天气雷达观测、质控与应用关键技术研发取得进展,天气雷达观测水平持续提升,其中定量降水估测准确率76%,相位噪声定标精度S波段为0.15°、C波段为0.3°,平均业务可用性99.18%。地空天综合气象立体观测网基本形成,观测在重大保障、模式发展、资料再分析和数据综合应用等方面的效益日益显著。

5.2.2 预报预警能力建设进展

(1)气象预报预测准确率保持高位运行

积极发展精准化、智能型网格预报技术和产品体系,不断夯实智能网格预报业务技术的基础,天气预报正在实现由传统站点预报向格点预报转变。气象预报预测准确率持续保持高位运行,基本达到2020年现代化目标。

定量降水预报准确率进一步提升。主客观融合定量降水预报(Quantitative Precipitation Forecast,QPF)业务产品中,小雨、中雨、大雨和暴雨累加24小时站(格)点预报TS评分分别达到0.6、0.373、0.255和0.188。对比2010年以来QPF逐年预报评分,2018年小雨24小时预报准确率达到近9年最高水平。对比ECMWF模式、日本(JAPAN)模式预报,24小时、48小时定量降水预报各量级预报准确率均较高。由图5.13可知,2018年长江经济带各省(市)暴雨预报准确率(不分级)最高的是湖北(99.5%)。总体来说,2018年长江经济带各省(市)暴雨预报准确率(不分级)平均值为85%以上。

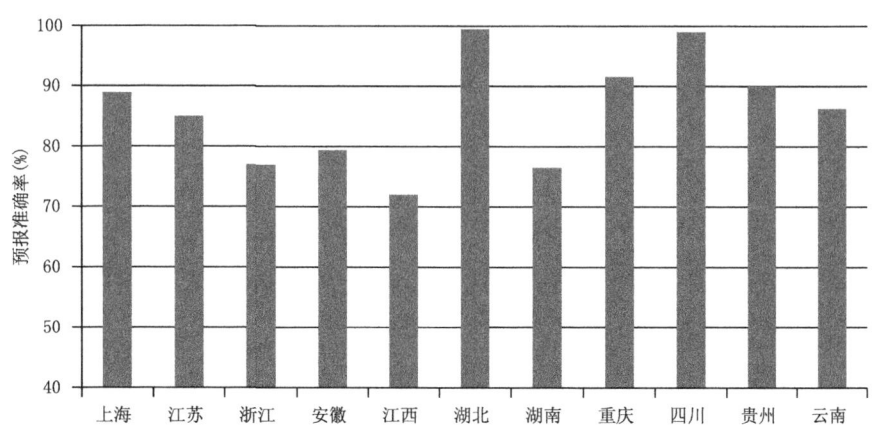

图5.13 2018年长江经济带各省(市)暴雨预报准确率图(不分级)
(数据来源:中国气象发展报告(2019))

台风长时效路径预报取得明显进步。2018年我国台风路径预报继续保持世界先进水平,台风24小时和48小时路径预报误差(72和124千米)与日本(71和120千米)、美国(75和125千米)相当,台风72、96、120小时路径预报误差均优于日本和美国,长时效路径预报准确率取得明显进步;台风24小时强度预报平均误差为

3.6米/秒,连续两年低于4米/秒,居历史最好水平。由图5.14可知,2018年长江经济带各省(市)大风(台风)预报准确率(不分级)最高的省(市)分别是湖北(99.80%)、四川(97.13%),准确率在60%以下的省份分别是湖南(56.13%)、安徽(50.90%)、江西(38.00%)。总体来说,长江经济带各省(市)大风(台风)预报平均准确率超过78%。

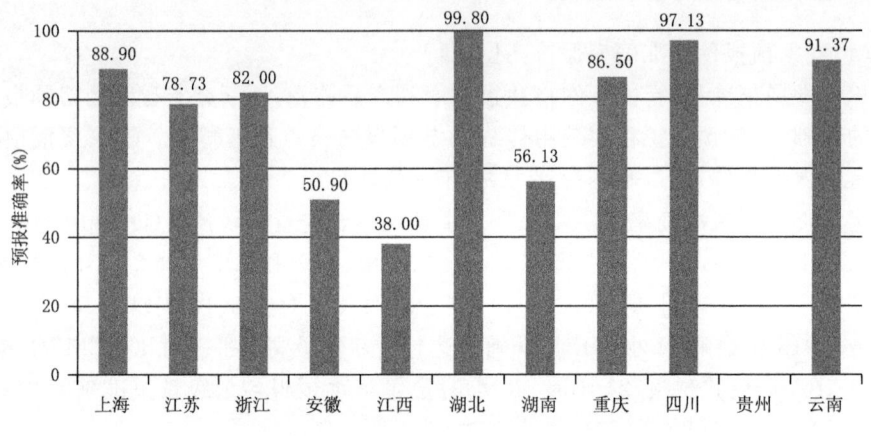

图5.14 2018年长江经济带各省(市)大风(台风)预报准确率图
(贵州的数据缺省;数据来源:中国气象发展报告(2019))

(2)智能网格预报业务技术能力不断增强

持续填补无缝隙全覆盖智能网格预报空白。按照《智能网格预报行动计划(2018—2020年)》要求,积极发展精准化、智能型网格预报技术和产品体系。打造从实况、临近、短时、短中期到延伸期及滚动更新的无缝隙全链条网格预报技术体系,优化基于金字塔架构的守恒定量降水预报临近外推滚动更新预报技术,发展基于机器学习与中尺度模式的临近预报技术、变权重融合短时强对流预报技术、自适应集成短期定量降水预报技术、偏差订正延伸期网格预报技术、分区超级集合全球网格预报释用技术、发展基于残差衰减的逐时滚动预报技术,发展适应网格预报的检验和评估技术。

智能网格预报业务实现单轨运行,智能网格实况融合分析产品投入业务应用。2018年,长江经济带省(市)的省级智能网格预报均实现单轨业务运行,气象部门不再单独制作城镇预报、乡镇预报等站点预报,预报服务所需的各类站点预报可从智能网格预报中导出,真正实现格点预报一体化。智能网格预报业务流程均已形成,可基于智能网格预报导出包括城镇站点预报在内的各类预报服务产品,预报产品至少能实现0~10天逐3小时更新、5千米空间分辨率,且自动生成数据、文字、图形、表格等预报服务产品;能够与国家级业务单位有效衔接,基本形成智能网格预报"一张网",主要气象服务产品与"一张网"统一数据源对接,满足各项气象服务及保障需求。

进一步提升灾害性天气网格预报技术能力。积极发展精细化、智能型网格预技术,有效解决了气象站点分布不均、气象预报空间准确率不高的问题。智能网络预报业务科实现网格化逐3小时发布未来7天的天气预报。降水、气温、风、湿度、总云量、能见度等6大类18种实况分析产品已经试运行,时间分辨率可达1小时,最高达10分钟,空间分辨率达到5千米。基于多模式集成的$PM_{2.5}$、PM_{10}格点预报,雾、霾、能见度网格预报时效延长至5天逐3小时,1～10天$PM_{2.5}$浓度和能见度预报产品提供应用。实现网格预报向灾害风险和专业气象服务的拓展,建立了基于网格预报的农业气象、海洋气象、水文气象、航空气象、生态气象等产品。

(3)灾害性气象预报预警水平有新提高

智能网格预报业务基本实现对短时临近预报产品的智能化、自动化报警、智能化引导、自动化生成,并支撑智慧预警靶向发布,基于公众位置提供0～12小时内雷暴大风、冰雹、雷电等的预报预警,实现精细化预警业务。自2018年6月起,提供10千米分辨率1天8次滚动更新的逐小时雷暴、短时强降水、雷暴大风和冰雹概率预报产品。水文气象风险预警发展了基于山洪地质灾害的生态风险影响评估技术,初步实现山洪地质灾害向生态领域的延伸。

2018年,强对流天气预警、暴雨预警、气候趋势预测准确率,以及台风路径预报水平都有新提高。强对流天气预警时间提前量由2017年的36分钟提高到38分钟,暴雨预警准确率由2017年的83%提高到88%。汛期降水、气温预测评分均为历史最好成绩;5天内台风路径预报持续保持世界领先。

由图5.15和图5.16可知,2018年长江经济带各省(市)发布的预警信息准确率相较于2017年基本呈现上升趋势。其中,2018年上海市共发布了1317条预警信息,预警准确率达到100%。2018年预警准确率提升超过0.30%的省(市)分别是江

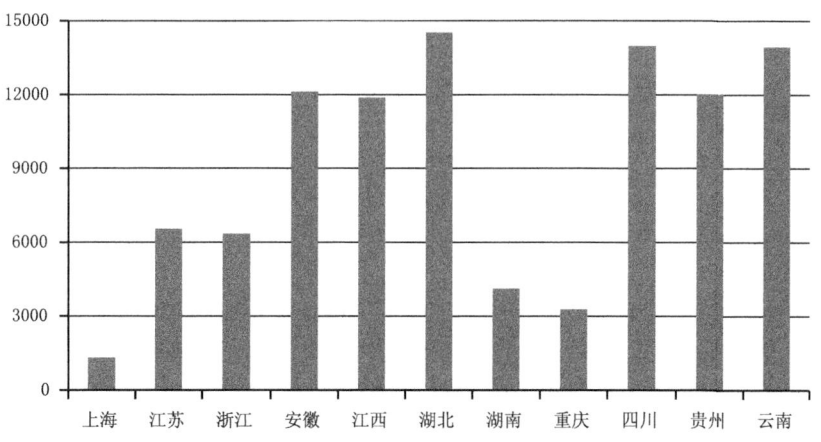

图5.15 2018年长江经济带各省(市)气象灾害预警信息发布情况
(数据来源:中国气象发展报告(2019))

苏(提升0.31%)、云南(提升0.43%)、重庆(提升0.87%)。总体来说,2018年长江经济带各省(市)预警准确率都在99%以上,预警能力有所提高。

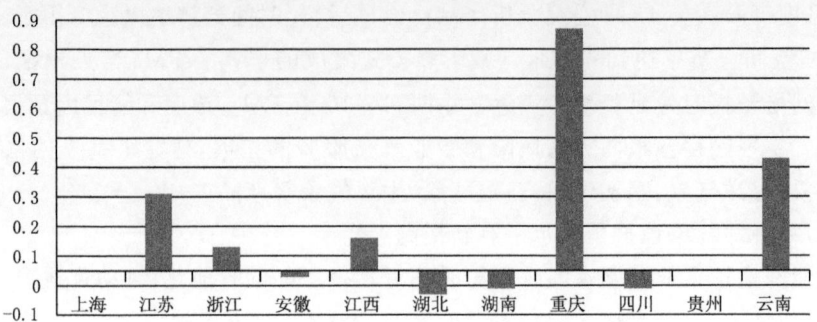

图 5.16　2018 年相较于 2017 年长江经济带各省(市)
气象灾害预警信息发布准确率(%)提升情况
(数据来源：中国气象发展报告(2019))

5.2.3　服务能力建设进展

(1)气象防灾减灾能力明显提升

长江经济带气象防灾减灾救灾影响力明显提高,气象服务领域逐步拓展,为保障生态文明建设、城市安全、服务"三农"和脱贫攻坚、区域协调发展等发挥了重要作用,气象服务取得显著经济社会效益。防灾减灾指标评估各地气象部门应急联动机制的完善程度、基层气象防灾组织体系健全程度以及气象依法行政水平。2018年长江经济带各省(市)气象防灾减灾指标完成情况差异很小,均达到94%以上(图5.17),其

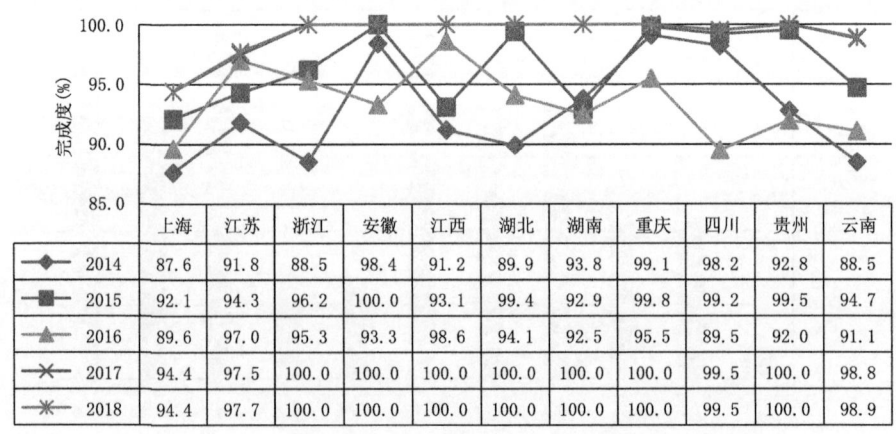

图 5.17　2014—2018 年长江经济带各省(市)防灾减灾指标完成度
(数据来源：中国气象发展报告(2019))

中浙江、安徽、江西、湖北、湖南、重庆、贵州7省(市)的气象防灾减灾能力完成度达到100%。该项指标评估结果体现了五年来基层气象防灾减灾组织体系和气象依法行政的水平日趋完善,反映了近些年来推进"党委领导、政府主导、部门联动、社会参与"的气象防灾减灾机制建设取得显著成效。

公共气象服务效益。气象服务指标评估各地的公共气象服务均等化程度、专业气象服务成熟度以及气象服务经济效益。2018年长江经济带各省(市)气象服务指标完成度差异很小,均达到98%以上,其中上海、浙江、江西、湖南、重庆、贵州、云南7省(市)达到100%(图5.18)。该项指标评估结果反映了省级公共气象服务能力成绩突出,体现了各级气象部门认真履行监测预报预警信息发布及应急联动响应职责,及时为各级党委政府提供决策气象服务,为公众和各行各业提供气象灾害预报预警服务,为经济社会发展提供了有力保障。

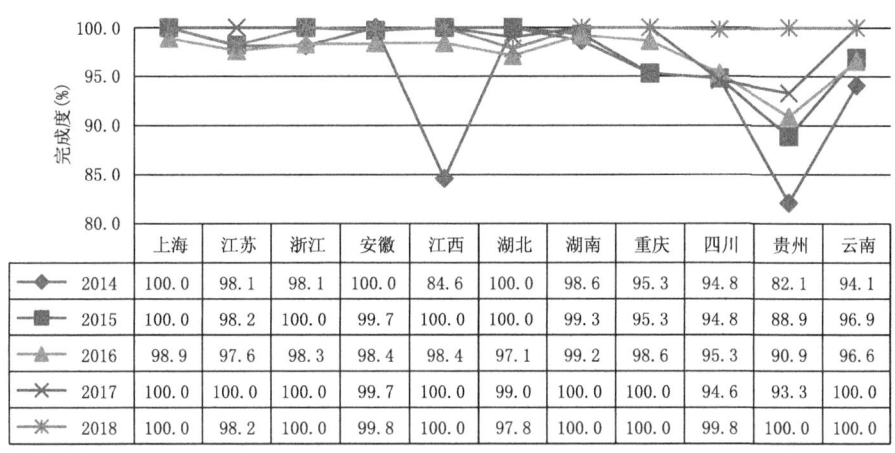

图5.18 2014—2018年长江经济带各省(市)气象服务指标完成度
(数据来源:中国气象发展报告(2019))

气象服务社会评价。社会评价指标通过对城乡居民抽样调查,评估公众对气象服务的满意程度和气象知识普及程度。2018年长江经济带各省(市)气象社会评价指标完成度差别很小,均为98%以上,其中浙江、湖北、湖南、四川、贵州5省完成度达到100%(图5.19)。该项指标评估结果反映了五年来气象事业社会评价稳步发展,各地气象工作得到了公众的普遍认可,气象科学普及也取得了很好的成效。

从2018年长江经济带各省(市)气象服务公众满意度的统计结果看(图5.20),浙江、江西、湖北、湖南、贵州5省的满意度超过了全国平均值(90.8%),占比达36.4%,其中湖南的满意度全国最高。

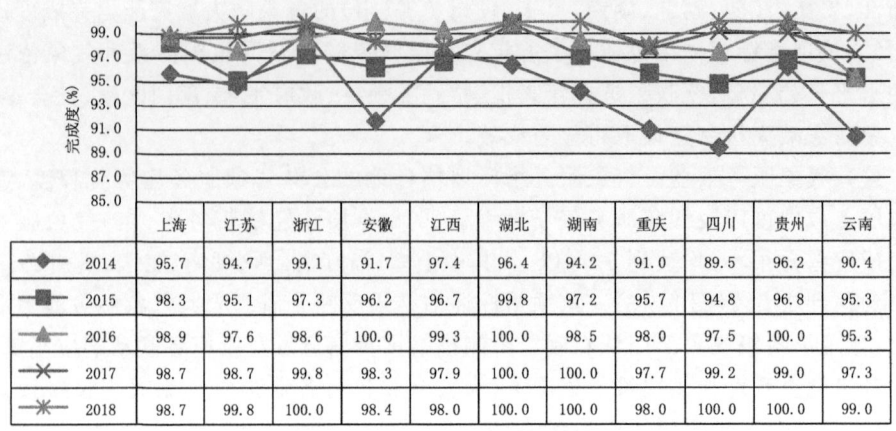

图 5.19　2014—2018 年长江经济带各省(市)社会评价指标完成度
(数据来源:中国气象发展报告(2019))

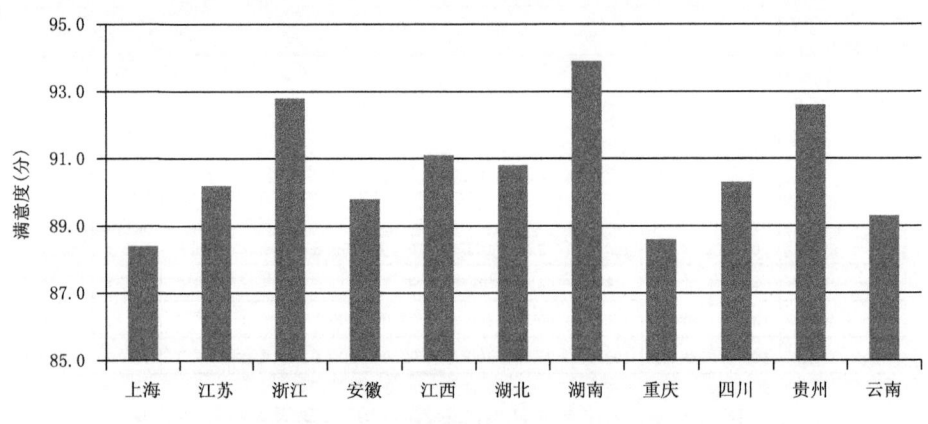

图 5.20　2018 年长江经济带各省(市)气象服务公众满意度
(数据来源:中国气象发展报告(2019))

(2)面向行业和特定领域的专业气象服务取得新进展

①气象为农服务

气象为农服务更加智能更加精细。长江经济带各省(市)气象部门现有农业气象观测(试验)站点数 233 个(表 5.5)。初步构建了智慧农业气象大数据、开放式农业气象业务系统和智慧农业气象服务手机客户端,基本形成国、省、市、县四级农业气象业务和延伸到乡的多级服务格局。农业气象服务深入到特色农业生产、村域经济发展、农业保险、农产品气候品质评估等新领域。农业气象服务更加适应现代农业发展需求。

表 5.5　2018 年长江经济带各省(市)农业气象观测业务表　　　　(单位:个)

省(市)	合计	农业气象观测站点数		合计	农业气象试验站点数	
		一类站	二类站		一级	二级
上海	1	1				
江苏	19	15	4	3	1	2
浙江	13	10	3	1	1	
安徽	22	12	10	3	1	2
江西	18	14	4	1	1	
湖北	30	16	14	2	2	
湖南	22	15	7	4	2	2
重庆	13	5	8	1	1	
四川	45	23	22	2	1	1
贵州	18	12	6	1	1	
云南	22	17	5	4	2	2
合计	223	140	83	22	13	9
全国	653	398	255	69	37	32

(数据来源:气象统计年鉴(2018))

美丽乡村建设气象服务能力有所提高。长江经济带各省(市)气象部门推动了美丽乡村气象服务标准化建设,健全了农村气象灾害监测预报网、突发预警信息发布网和防灾减灾应急联动网、责任传导网、群测群防网,打造农村气象防灾减灾体系升级版。发展面向精准农业的定位、定时、定量气象服务,推进物联网和遥感技术在精准农业气象服务中的应用,优化监测手段、产品内容及服务方式,逐步实现农业生产和经营全过程的跟踪服务,建成现代农业气象服务体系。创新气象为农社会化服务机制,深入推进气象为农服务社会化体系建设。发展农业气象大数据,促进智慧气象为农服务与农业生产、经营、管理深度融合,推动气象信息进村入户,实现气象信息向农户和新型农业经营主体的精准推送。围绕生态旅游、健康旅游的服务需求,研制旅游生态气象要素的监测预警指标体系,开展不同类型旅游景区紫外辐射、空气质量、雷电等要素的监测预警服务,提升生态旅游气象服务能力。

气象助力精准扶贫取得明显进展。长江经济带各省(市)气象部门认真贯彻落实习近平关于扶贫开发的重要论述精神,结合脱贫所需和气象所能,以高度的政治责任、社会责任助力精准脱贫,致力防灾减灾,倾力服务"三农",贫困地区气象"避害"作用更加凸显、"趋利"作用更加有效,气象助力精准脱贫效益逐步提升。

②民用航空气象服务

民用航空气象业务运行稳中有升。面对中国民航业的快速发展,民航各级气象台(中心)积极工作,为空中交通管制、航空公司和机场运行等航空气象用户提供了航班起降和国内、国际航线飞行的气象保障。气象预报准确率稳步提升,观测错情率、气象装备运行正常率基本持平。长江经济带各省(市)在各种重大保障活动中及时发布各类气象信息,辅助民航运行决策,圆满完成了春运、C919成功首飞及四川九寨沟抗震救灾等重大活动和事件的飞行气象保障任务。

民用航空气象服务能力显著提升。民航各级气象单位分别与长江经济带各省(市)地方气象局实现了信息共享;民航气象探测能力基本覆盖繁忙终端区和重要机场,全国运输机场实现自动气象观测数据实时共享;民航气象行业大力推进数值预报技术应用,重点开展区域数值预报与强对流短临数值预报建设,精准预报能力有效提升;民航气象部门与管制部门、航空公司、机场协同合作,通过重要天气复盘机制,对重要天气进行分析讲解,提高气象服务水平;依托服务网站、APP应用,拓展气象服务渠道;推广天气雷达与管制雷达信息融合,开展量化天气对空域流量影响相关研究,提高气象信息综合应用能力;开展低空气象服务研究,试点开展通航气象服务业务。

③水利气象服务

近年来,为提高水旱灾害防御技术支撑水平,长江经济带各省(市)水利系统与气象部门合作,开展了气象新技术、新方法在水文气象中的应用。水文监测水位、雨量、水温、蒸发等观测项目全部实现自动采集、存储、传输。实现了气象卫星云图接收处理系统、天气雷达广泛应用,防汛指挥系统依托天气雷达开发多源定量降水估算,应用于暴雨监测预警和洪水预报。

开展无资料地区及中小流域暴雨山洪监视预报技术研究,研发了基于雷达和自动雨量站监视的山洪动态临界雨量应用技术。研发适应"短历时、高强度"暴雨特点的城市雨洪模型,试验探索了临近暴雨内涝和城市河流突发洪水的预警技术。开展了定量降水预报和水文模型耦合应用,水利部信息中心和长江水利委员会等利用GIS技术,实现降水预报等值线下区域或子流域预报降水量的自动提取,使人工智能预报与格点化数值预报一样方便地应用于自动化水文模型。开展不同物理参数化方案和合理空间尺度比较分析,在长江流域应用WRF中尺度模型和Reg-CM4区域气候模型,结合国内外多种数值模型产品的再加工,开展不同预见期水文气象耦合预报技术应用试验,初步实现1~3天精细化和1~3个月长预见期流域面降水量滚动预报。

结合水利防灾需要,长江经济带各省(市)加强台风活动与降水分布历史变化规律研究,开展短历时中小河流突发性暴雨洪水、城市暴雨洪水等探索性研究。开展延伸期降水预报,从方法和产品实用性上均取得重大进展,并进行了业务试验,较好弥补了10天以下中短期预报和月以上气候预测之间的缝隙,为防汛抗旱和水资源优化科学配置提供了重要技术支撑。开展利用多模式综合集成技术,延长降水预见期和降低预测不确定性,并与水文模型相结合,充分发挥水库群的综合拦洪调蓄作用,提高雨洪资源化利用水平。

水文地质气象服务效益持续提升。建成了促进流域定量化洪水预报模型系统，开展长江及其中小河流洪水和山洪气象定量化预报试验。初步建立基于机理的区域地质灾害定量化预报系统，完善地质灾害风险预警业务，提供地质灾害发生概率、危险度和风险预报预警产品。

④交通、海洋、旅游、能源等气象服务

交通气象服务能力有所提升。长江经济带各省（市）主动开展高速公路、高速铁路、长江航运及交通安全应急保障等重要领域的智慧交通气象服务建设。与长江海事部门合作，提供长江"黄金水道"航运安全智能服务，并组织研发长江主航道航运气象服务业务系统建设，促进长江流域气象服务能力提升。提供公路交通逐3小时间隔、水平分辨率5千米的精细化服务产品。开展交通气象灾害风险预警试点建设，首次向交通管理部门提供交通气象灾害风险预警服务。如江苏上线交通气象智能客户端；湖北融合沿江各省实时监测预报预警等多源产品，开展基于天气通航等级的航运安全保障智能化气象服务；江西基于列车行驶位置，动态向列车和巡线员"靶向"发送分钟级交通预警产品。

海洋气象服务支撑国家海洋战略。海洋气象业务开展了风、有效波高、天气状况、能见度、阵风等多要素、高时空分辨率的精细化预报服务业务。开展北印度洋和北太平洋8级以上大风预报业务试验，实现海洋气象传真图业务重建。持续推进发展全球远洋气象导航服务，发展具有自主知识产权的导航技术，如组织气象相关的部门、科研机构和大学自主研发船舶导航算法，开展中国至巴基斯坦、南非等多条航线气象导航服务，打破了国外气象行业在远洋导航领域的垄断地位。与交通运输部上海海岸广播电台、上海海洋气象台合作发布我国自主研发的海洋气象信息服务产品，包括海区分析图、气象预报图、卫星云图、台风路径图等多种传真图产品，为我国近海提供传真服务。浙江开发船舶气象安全导航系统APP，实现基于用户位置定位的实时导航。

旅游气象服务助力全域旅游。根据国务院出台的《关于促进全域旅游发展的指导意见》，长江经济带各省（市）推动气象与旅游融合发展，"天然氧吧""气象公园"、气象景观、避暑（避寒）目的地、冰雪旅游地等气候资源开发利用成为旅游经济发展的新热点。强化了旅游气象服务产品的研发，开展日出、日落、云海、雪景、雾凇、植物花期和彩叶观赏期等特色景观气象服务，发布蓝天预报及滑雪场、高尔夫球场、钓鱼等运动和休闲旅游服务产品。扩大旅游气象服务覆盖面，将旅游气象服务纳入基本公共服务。试点开展旅游气象灾害风险预警服务，基于公众需求，提供旅游线路推荐、出行安全、衣物穿戴等旅游个性化提示。如2018年启动国家气象公园试点建设，安徽黄山风景区和重庆三峡成为首批试点。

能源气象服务向精细化发展。长江经济带各省（市）开展风能太阳能资源监测，更新全国1千米分辨率的风能资源精细化评估数据库，建立光伏发电重点地区1千米分辨率的太阳能资源精细化评估数据库,开展风电场和太阳能电站的选址评估,为风电场和太阳能电站提供预报服务。开展全国风能太阳能资源监测,发布《中国风能太阳能资源年景公报》。建立高分辨率冰冻预报预警服务平台,提供输电线路的覆冰(标准冰厚)及舞动预警服务。

（3）生态气象保障能力显著增强

致力于长江经济带"共抓大保护、不搞大开发",走"生态优先、绿色发展"之路,长江经济带各省（市）气象深度参与生态文明建设,助力蓝天保卫战行动,保障国家绿色发展战略实施,发挥生态保护与修复的气象基础作用。

大力推进遥感应用体系建设,服务能力进一步增强。根据《中国气象局关于卫星遥感综合应用体系建设的指导意见》,依托山洪项目等项目支持,联合内蒙古、山东、辽宁、广西、重庆等18个试点省（区、市）,初步形成涵盖"山水林田湖草气土城"等特色应用的全国生态遥感业务体系布局;建立卫星遥感区域生态环境评价方法和指标,为重大灾害卫星遥感监测服务提供及时有效保障;开展卫星遥感区域生态环境评价方法和指标的研制工作,建立了温湿指数模型和释氧量、人居舒适度等评价指标,在天然氧吧评估中取得了较好的应用效果。

积极开展国家重点生态功能区气象服务。长江经济带各省（市）根据所在功能区的发展方向和服务需求,围绕生态服务功能增强和生态环境质量改善,开展有区域特色的气象保障服务。水源涵养型生态功能区,着重开展降水量、蒸发量等与水资源关系密切的气象要素监测评价,提供天然林草保护、水土流失生态气象监测预报,开展退耕还林、围栏封育和湿地森林草原等生态系统维护重建效益评估等服务。水土保持型生态功能区,开展水土流失和荒漠化控制,稳定草原面积,恢复草原植被气象监测评价,重点加强土地覆盖、降水强度、生态承载能力监测,提供节水灌溉、雨水集蓄利用、旱作节水农业等精细化气象服务。防风固沙型生态功能区、开展天然林面积扩大、森林覆盖率提高、森林蓄积量增加等气象监测评价。生物多样性保护型生态功能区,开展野生动植物物种恢复和增加的气象监测评价,重点加强生物群落结构、优种群种和重要物种栖息地气象条件监测预报。将江西省列为国家生态文明试验区气象保障服务试点省。

人工影响天气在改善生态环境、增加湖库蓄水、森林防火、改善空气质量等领域发挥了积极作用。从长江经济带各省（市）人工影响天气装备配置情况看（图5.21、图5.22）,2018年可用高炮、火箭数量最多的均是云南省,分别达503门、815架,为人工影响天气作业提供了有力保障。长江经济带各省（市）初步确立了水源涵养型及水库蓄水型人工影响天气生态修复目标,森林、草原生态保护型及大中城市供水型人工影响天气修复关注区,对改善生态脆弱地区生态发挥了重要作用。

（4）生活气象服务更加智慧,更加贴近公众

气象服务瞄准人们生活需要,更加智慧和个性化。长江经济带各省（市）气象部

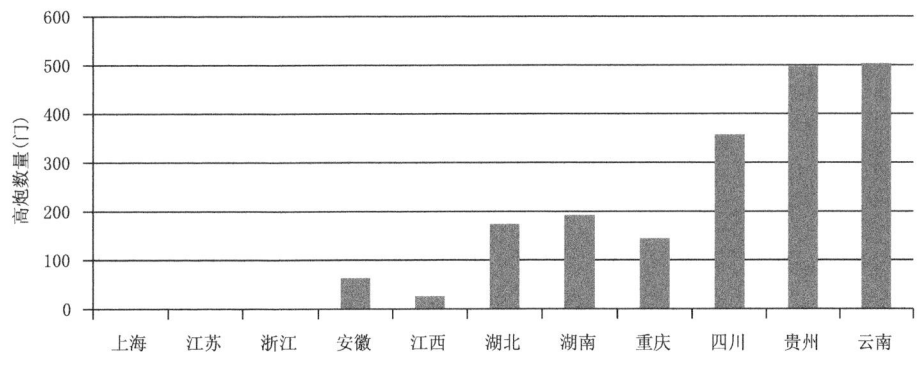

图 5.21　2018 年长江经济带各省(市)人工影响天气作业可用高炮数量图
(数据来源:中国气象发展报告(2019))

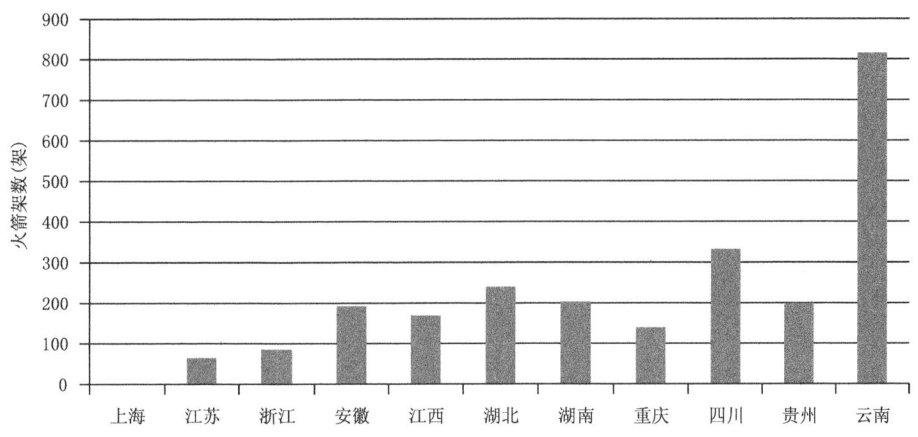

图 5.22　2018 年长江经济带各省(市)人工影响天气作业可用火箭架数量图
(数据来源:中国气象发展报告(2019))

门紧紧围绕老百姓的实际生活需求,创新服务方式,推动生活气象服务更加个性化和专业化,更加贴近百姓生活。以个性化需求为导向,开展分众、定制式的气象服务,服务的针对性、及时性和产品的实用性明显提高。为及时了解用户需求和产品使用情况,建立了用户反馈机制,开展实时社会数据采集。同时创新气象服务供给,建立融媒体平台,实现资源的国家级和省级共享,完成旅游、交通等可视化产品。

气象科学知识普及率稳步提升。一是以需求为导向,面向重点人群,分类别针对性地开展气象科普宣传。针对未成年人,借助气象夏令营、气象防灾减灾科普示范学校等载体,提升科普的科学性、互动性、趣味性。面向农业农村,每年向新型农业经营主体等提供点对点、直通式气象科普宣传。面向城镇居民,依托各类社区开展气象科普活动、气象知识竞赛等。

二是科普活动更加多样，受众更多。每年举办世界气象日活动，开放气象场馆和气象台站，开展气象科普讲座等。举办主题鲜明的气象科技周活动、"流动气象科普万里行"和"气象科技下乡"活动，"气象防灾减灾宣传志愿者中国行"深入行政村、社区、学校、企业开展活动。

三是丰富科普宣传载体，科普精品不断涌现。申报评选"全国气象科普教育基地"和省级科普教育基地"红领巾气象站""气象防灾减灾科普示范学校"等。创作、制作图文类、影视动漫类、游戏类和宣传品类等气象科普作品。如上海、湖南等地气象部门制作的10部作品获评"全国优秀科普微视频作品"。

2018年，全国气象科学知识普及率为77.76%，长江经济带内的江苏、浙江、湖北、湖南、四川、贵州等6省的得分超过了全国平均值（图5.23），占54.5%，其中浙江的得分全国最高。

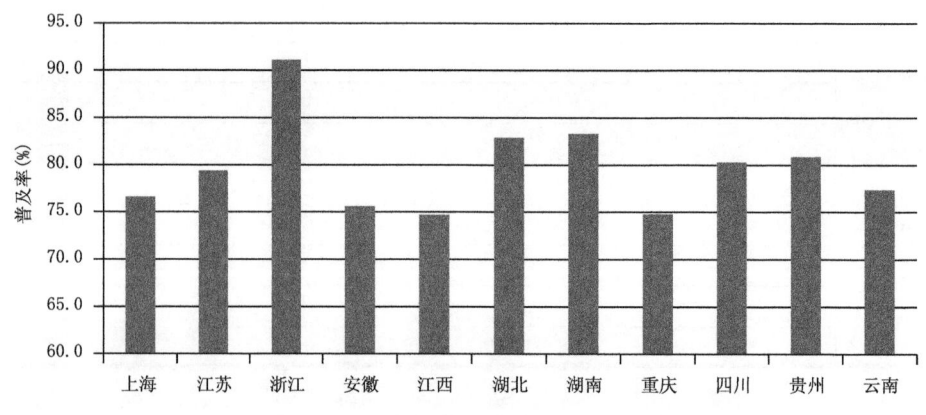

图5.23　2018年长江经济带各省（市）气象科学知识普及率图
（数据来源：中国气象发展报告（2019））

新媒体与传统媒体气象服务融合发展。传统媒体主要是指报纸、广播、电视等信息传播载体，包括气象科技书籍、杂志、科教电影、光碟、录像带、录音带、有线广播和气象专用电台等。新媒体一般是指在网格信息处理技术基础上产生的媒体形态，包括在线的网络媒体和离线的其他数字媒体形式，如微信、微博、手机APP等，其与传统媒体在传播时效、信息来源、传播方式、传播内容等方面都有不同。从相关数据和资料来看，传统媒体气象服务总体发展持稳略降，新媒体气象服务稳定增长，其中，天气类应用用户规模持续增加，气象官方微博微信服务越来越大。

天气类APP用户稳定增长。天气类APP已成为人们手机里必不可少的应用，每天多次点开天气APP查看天气预报来决定是否带伞或穿什么样的衣服，成为很多人的日常习惯，这也是主流天气APP月活跃用户数居高不下的主要原因。天气类APP的总量呈持续上升的趋势，天气类APP的用户规模也一直保持持续稳定增长，市场相对集中。

气象官方媒体融合发展。长江经济带各省(市)打造"两微一端"气象官方新媒体,服务覆盖人群和影响力越来越大,如根据人民网舆情数据中心发布的气象系统双微排行榜显示,2018年,江苏气象排名在前十以内;根据《2018年报年度人民日报·政务指数——微博影响力报告》发布的榜单,江苏气象为2018年的全国"气象十大微博"之一。近年来,气象类微博的策划运营能力持续提高,在内容、形式和技术上多重创新,宣传载体从单一的图文视频拓展到全媒体、融媒体、浸媒体,打破了以往政府信息公开工作的沉闷套路,实现了有声有影有形、入耳入脑入心。天气官方"抖音"已陆续上线,抖音传播因实时便捷且满足大众个性化追求而备受欢迎,各地气象部门相继利用抖音传播气象信息,开展气象科普。抖音号中除日常天气预报和及时发布预警三维动图和视频外,还将晦涩难懂的气象知识用生动的语言和幽默的视频进行演绎,普及公众的气象知识。

传统媒体气象服务持稳略降。近年来,随着新媒体的发展,通过广播、电视、电话和短信等传统媒体载体气象服务传播量总体持稳或弱下降趋势。数据显示,2018年,长江经济带各省(市)除广播、电视外,电话和短信等传统媒体气象服务传播量呈持续下降趋势(表5.6)。

表5.6 2016—2018年长江经济带各省(市)传统媒体气象服务统计表

省(市)	电视(频道数)			广播(频道数)			电话(万次)			短消息(户数)		
	2016	2017	2018	2016	2017	2018	2016	2017	2018	2016	2017	2018
上海	21	17	16	10	12	15	132.54	44.65	31.29	739053	562507	679453
江苏	159	153	152	114	104	110	8863.83	4611.99	4274.02	2191719	2080249	2750554
浙江	150	150	137	101	106	103	3206.91	2338.76	2465.68	11219968	23195354	9598026
安徽	160	152	156	91	67	69	2413.78	2244.49	1258.42	4328225	4325204	2979921
江西	144	142	139	146	135	305	2143.48	1269.89	2073.65	3589348	4252445	13059249
湖北	128	124	131	50	44	41	6152.53	4550.74	5150.31	2437616	1976313	2654488
湖南	131	129	188	54	47	50	8679.59	2510.63	1552.09	5319432	5624428	5905691
重庆	58	68	73	30	30	32	2462.48	2162.43	2967.34	1486517	5664996	7251598
四川	232	276	250	104	105	70	2176.65	444.31	1000.63	6259660	7649616	8044606
贵州	106	115	112	49	46	33	1002.28	529.30	352.87	3127683	1560382	2061633
云南	145	129	134	39	30	27	267.26	975.25	237.57	2980410	3036635	2617430
合计	1434	1455	1488	788	726	855	37501.33	21682.53	21363.87	43679631	59928129	57602649
全国	3509	3982	3555	2200	1756	1969	80516.06	52022.78	46283.72	91852124	112538802	106511452

(数据来源:气象统计年鉴(2016),气象统计年鉴(2017),气象统计年鉴(2018))

近年来,提供气象服务的广播频道数量相对保持稳定。2018年,长江经济带各省(市)提供广播气象服务的频道数量为855个,与2017年相比增加129个(表5.6)。

提供气象服务的电视频道数量基本稳定。2018年,长江经济带各省(市)传播气象服务的电视频道数量为1488个,比2017年增加33个(表5.6),但天气预报的电视收视率有所下降。

气象服务电话拨打数量近年来持续下降。2008年全国电话气象服务拨打次数达到峰值,2009年后逐年下降,而2018年全国气象电话拨打次数只有2008年的五分之一,电话气象服务数量的下降可见一斑。2018年,长江经济带各省(市)气象服务电话拨打数量为2.1亿次,比2017年下降了0.03亿次。从分地区情况看,2018年电话拨打数量最多的湖北为5150多万次,其次为江苏4274多万次,上海的电话拨打量较低(表5.6)。

短信气象服务的定制户数近十年来也呈持续下降趋势。2018年,长江经济带各省(市)短信气象服务定制用户数为576万户,比2017年下降3.88%。从分地区情况分析(表5.6),用户最多的江西省为1305多万户,占全国总用户量的12.26%;原来定制用户最多的省份呈明显下滑,如2017年用户最多的浙江省,2018年减少了1359多万户,减少幅度达58.6%,也就是一半以上的用户取消了短信定制。

5.2.4 创新能力建设进展

(1)气象科技创新全面推进

长江经济带各省(市)面向长江经济带发展需求,面向世界科技前沿,面向气象现代化,紧密围绕中国气象局印发的《加强气象科技创新工作行动计划(2018—2020年)》,进一步落实创新驱动发展战略,以提升气象科技创新整体效能为主线,统筹优化气象科技创新体系布局,聚焦核心技术攻关,深化科技体制改革,完善创新发展机制,着力增强核心科技创新能力,加快实现气象科技突破,支撑新时代气象事业高质量发展。

加强谋划新时代气象科技创新发展战略,重点推动实施创新驱动发展战略,着力深化气象科技体制改革,强化气象科技发展机制创新和文化建设,统筹配置科技资源,构建布局合理、开放高效、支撑有力、充满活力的国家气象科技创新体系,加强制约我国气象事业发展的重大基础理论问题研究,着力突破重大核心关键技术,大幅提高气象科技创新能力和水平,加快建设世界气象强国,为科技强国建设提供强有力的气象保障。进一步强化了科技成果转化激励政策的规范落实,依法推进科技成果转化、落实激励政策、健全成果转化体系等,有效强化对核心业务的科技支撑。

(2)气象核心技术攻关持续推进

①气象卫星应用技术。卫星数据获取和服务能力大幅提高。风云卫星资料接收处理地面站网显著提高了风云卫星获取全球数据的能力。碳卫星地面系统投入业务增强了对国内卫星观测的直接获取能力。借助"天地一体化"的气象卫星数据共享服务系统建设,风云系列气象卫星通过多种渠道为各类用户提供高效的数据服务(杨军

等,2018),已覆盖长江经济带11省(市)的用户。

卫星数据预处理方法有新的突破。突破了红外恒星观测与识别方法,建立了全时的风云四号卫星图像定位与配准能力;完成FY-3D资料控制系统及资料定位在轨测试,定位精度提高至(250米,500米)。针对风云三号D星高精度在轨定标的应用需求,建立HIRAS红外高光谱在轨实时定标业务算法,完善了MERSI可见光近红外波段星上定标和综合定标技术,优化了MWHS业务定标模式,实现了卫星数据高精度定标实时业务处理系统;建立涵盖FY-3D卫星及所有观测仪器性能和健康监视系统,具备实现了对卫星及载荷状态变化准实时分析的能力。针对卫星数据气候应用需求,开展风云卫星历史数据再定标研究,发展长时间序列历史数据回溯与评估诊断技术,初步实现对历史数据的高质量再分析。

卫星定量产品种类更加丰富。风云气象卫星可通过数十个遥感仪器从太空获取陆表、海表、大气以及近地空间的辐射值和遥感数据,产品种类覆盖云、大气、陆表、海表、冰雪、辐射、闪电和空间天气等多种类型。此外,风云气象卫星联合开展生态红线监测评估研究,分别针对草地、农田、湿地、石漠化、山地等典型生态系统类型,开展关键技术攻关,研建客观、定量的生态功能评估和生态环境状况评价指标体系。

②智能网格预报业务技术基础不断夯实。积极发展精准化、智能型网格预报技术和产品体系。定量降水预报优化了基于金字塔架构的守恒QPF临近外推滚动更新技术预报技术;使用AI技术改进雷达回波外推预报模型;研发了基于GRAPES-RAFS的"配料法"分类强对流概率预报技术。智能网格预报融入预报服务链条,从降水等气象要素预报,至水文气象风险预警,环境、海洋预报,气象为农服务及粮食产量预报,到决策气象服务已全面应用了智能网格预报产品。国省级网格预报滚动融合流程进一步优化,完成适应单轨运行的格站点一体化业务升级。基于网格预报的检验技术与平台支撑能力不断增强。2018年,MICAPS4应用了4.2版本,全面接入风云四号L1和L2级产品,并在预报服务中应用。

③雷达过程应用技术。依据国家级气象雷达组网产品生成和业务应用服务系统,实现以雷达为主体的基本产品、强天气监测产品和综合数据产品等三大类产品,面向服务、预报和监测等提供实时在线共享服务。初步实现三维组网产品的开发,得到比较连续的回波反射率三维分析数据场、三维CAPPI回波产品和任意剖面的雷达回波产品,利用VAD算法和组网天气雷达风场信息,制作不同高度层的三维风场产品。提高风、降水综合观测产品在业务中的应用。基本实现基于单站和组网的冰雹、强降水、中气旋和雷暴等判识产品。

④开展增雨减污人工影响天气探索试验。上海市、安徽省气象局成功组织进口博览会增雨减污人工影响天气探索试验。充分集中气象、环境专家意见,聚焦人工增雨改善空气质量的科学机理认识和实践探索。通过典型个例分析,增雨作业合理有效,对污染物清除具有一定的作用。

⑤气象关键技术省级的研发。长江经济带各省(市)开展了数值模式释用和灾害天气研究,以及环境气象、交通气象、人工影响天气等领域的研究。省级围绕省气象局核心业务需求和地方经济发展特色提供技术支撑和科技服务。如江苏重构了新一代区域高分辨率数值预报模式 PWAFS2.0,在高分辨率静止卫星资料同化、区域高分辨率数值预报系统建设取得实质性进展并投入业务。浙江开展了基于 GSI-3DVAR 的同化系统本地化应用与改进,初步建立了 GSI 常规资料质量控制系统,台风精细化定位定强技术在业务化应用中获得了较好效果。云南建立了冬季极端暴雨概念模型,研发的"区域 WRF 数值预报系统"产品在省台、州市台预报员中作为强降水预报参考依据。重庆优化了集合预报业务系统,开发了降水集合预报订正系统和2米温度集合预报订正系统;湖南完成了湖南省流域面雨量预报系统研究和业务试运行;安徽引入人工智能技术,实现了 FY-4 卫星反演降水填补雷达缺测,此外,各省(市)气象部门还进一步围绕本地特色开展特色领域科技创新。

(3)实验室和试验基地聚焦自主创新

①部门重点实验室。2018 年 12 月,中国气象局上海城市气候变化应对重点开放实验室完成建设任务,正式纳入中国气象局重点开放实验室管理序列。中国气象局要求同济大学和上海市气象局进一步加大支持力度,组织实验室围绕城市气候变化领域开展研究,创新体制机制,加强人才培养和合作交流,注重成果转化和推广应用,支持实验室的发展。至 2018 年底,长江经济带已建成部门重点实验室 5 个(全国共 17 个)(表 5.7)。

表 5.7 2018 年长江经济带各省(市)部门重点实验室表

所在省	实验室名称	依托单位	批准成立文号
上海	中国气象局台风数值预报重点实验室	上海市气象局	气发〔2005〕253 号
上海	中国气象局上海城市气候变化应对重点开放实验室	同济大学、上海市气象局	气科函〔2018〕72 号
江苏	中国气象局气溶胶与云降水重点实验室	南京信息工程大学	气发〔2007〕205 号
江苏	中国气象局交通气象重点开放实验室	江苏省气象局	气科函〔2017〕4 号
成都	中国气象局大气探测重点开放实验室	成都信息工程大学	气发〔2005〕253 号

(资料来源:中国气象发展报告(2019))

②相关实验室。截至 2018 年底,中国气象局已拥有 6 个省部共建联合实验室(研究中心),其中长江经济带内 4 个(表 5.8)。

表 5.8 2018 年长江经济带内省部共建联合实验室表

名称	依托单位	发文文号
中国气象局－南京大学天气雷达及资料应用联合开放实验室	中国气象科学研究院、南京大学	气科函〔2015〕35 号
中国气象局－南京大学气候预测研究联合实验室	国家气候中心、南京大学	气科函〔2015〕51 号
中国气象局－成都信息工程大学气象软件工程联合研究中心	国家气象信息中心、成都信息工程大学	气科函〔2016〕6 号
中国气象局－复旦大学海洋气象灾害联合实验室	上海市气象局、复旦大学	气科函〔2018〕号

(资料来源:中国气象发展报告(2019))

③科学试验基地。截至 2018 年底,中国气象局拥有 21 个省部级野外科学试验基地,其中长江经济带内 5 个(表 5.9)。浙江临安等 4 个大气本底站于 2007 年经科技部批准成为国家野外科学观测研究站,作为国家级科技创新基地开展建设,是气象部门开展大气成分观测和科学研究的重要基地,是国家防灾减灾、应对气候变化、构建生态文明体系的重要基础支撑设施。

表 5.9 2018 年长江经济带内中国气象局野外科学试验基地表

基地名称	依托单位	学科方向
中国气象局临安大气本底野外科学试验基地	浙江省气象局	大气化学
中国气象局淮河流域典型农田生态气象野外科学试验基地	安徽省气象局	生态环境
中国气象局长江中游暴雨监测野外科学试验基地	中国气象局武汉暴雨研究所	中小尺度暴雨监测预警预报
中国气象局高原陆气相互作用野外科学试验基地	中国气象局成都高原气象研究所	青藏高原气象
中国气象局大理山地气象野外科学试验基地	云南省气象局	山地气象

(资料来源:中国气象发展报告(2019))

为深入实施创新驱动发展战略,加强和规范国家野外科学观测研究站的建设和运行管理,2018 年科技部出台了《国家野外科学观测研究站管理办法》(国科发基〔2018〕71 号)。为做好气象部门国家野外科学观测研究站的建设,中国气象局印发《中国气象局科技与气候变化司关于进一步加强气象部门国家野外科学观测研究站建设的通知》,要求 4 个大气本底站所在省级气象部门,要高度重视国家野外科学观测研究站建设,将大气本底站建设纳入当地气象现代化的重点任务,统筹考虑、优先支持,全力保障大气本底站持续、健康、有序运行。同时,要求各基地的依托单位完善基地基础条件建设,提高观测试验能力,加强科学研究,强化人才队伍建设,其他 17 个中国气象局野外科学试验基地争取早日纳入国家野外科学观测研究站序列。

(4)气象科研项目取得一定突破

①气象科研课题经费。2016—2018 年长江经济带各省(市)气象部门科研课题经费投入总体保持增长态势,中央财政、省级政府机构、中国气象局下达的科研经费累计投入共计 2.49 亿元(表 5.10、表 5.11、表 5.12),年均投入 0.83 亿元。2018 年,长江经济带各省(市)气象部门中央财政、省级政府机构、中国气象局下达的科研课题经费总额为 8806.88 万元,其中,中央财政直接下达课题经费总额为 2635.62 万元,较 2017 年增长 34.5%;省级政府机构下达经费总额为 3343.66 万元,较 2017 年增长 1.0%;中国气象局下达课题经费总额为 2827.60 万元,较 2017 年增长 137.43%。

表 5.10　2016 年长江经济带各省(市)气象部门省级以上科研课题及经费来源情况表

省(市)	课题总数(个)	经费总额(万元)	中央财政直接下达		省级政府机构下达		中国气象局下达	
			课题数(个)	课题经费(万元)	课题数(个)	课题经费(万元)	课题数(个)	课题经费(万元)
上海	19	4227.20	4	3204.00	6	897.80	9	125.40
江苏	12	1150.40	1	24.40	6	1058.00	5	68.00
浙江	12	300.00	2	23.00	6	217.00	4	60.00
安徽	16	389.60	2	49.60	5	83.00	9	257.00
江西	10	126.00	1	4.00	4	17.00	5	105.00
湖北	10	861.85	4	669.85	1	137.00	5	55.00
湖南	10	318.00			2	46.00	8	272.00
重庆	21	1287.00			10	918.00	11	369.00
四川	7	105.00			1	20.00	6	85.00
贵州	11	194.20	1	23.00	6	145.20	4	26.00
云南	15	700.50	2	84.00	8	562.50	5	54.00
合计	143	9659.75	17	4081.85	55	4101.50	71	1476.40
全国	670	48737.22	211	34309.90	178	8359.10	281	6068.22

注:仅统计中央财政、省级政府机构、中国气象局下达的科研课题。
(数据来源:气象统计年鉴(2016))

表 5.11　2017 年长江经济带各省(市)气象部门省级以上科研课题及经费来源情况表

省(市)	课题总数(个)	经费总额(万元)	中央财政直接下达		省级政府机构下达		中国气象局下达	
			课题数(个)	课题经费(万元)	课题数(个)	课题经费(万元)	课题数(个)	课题经费(万元)
上海	19	2215.39	9	960.89	3	1120.00	7	134.50
江苏	7	90.00			5	83.00	2	7.00
浙江	20	600.40	3	118.00	9	378.00	8	104.40

续表

省(市)	课题总数(个)	经费总额(万元)	中央财政直接下达		省级政府机构下达		中国气象局下达	
			课题数(个)	课题经费(万元)	课题数(个)	课题经费(万元)	课题数(个)	课题经费(万元)
安徽	18	448.00	3	66.00	5	164.00	10	218.00
江西	11	144.00	1	37.00	3	45.00	7	62.00
湖北	15	686.64	6	529.24	1	92.40	8	65.00
湖南	12	305.50	2	110.00	3	46.00	7	149.50
重庆	18	1044.00			7	720.00	11	324.00
四川	8	156.00	1	74.00	3	37.00	4	45.00
贵州	12	176.00	1	20.00	5	110.00	6	46.00
云南	11	593.03	1	43.00	6	514.53	4	35.50
合计	151	6458.96	27	1958.13	50	3309.93	74	1190.90
全国	662	40468.90	212	25019.30	182	9164.90	268	6284.70

注:仅统计中央财政、省级政府机构、中国气象局下达的科研课题。
(数据来源:气象统计年鉴(2017))

表 5.12 2018年长江经济带各省(市)气象部门省级以上科研课题及经费来源情况表

省(市)	课题总数(个)	经费总额(万元)	中央财政直接下达		省级政府机构下达		中国气象局下达	
			课题数(个)	课题经费(万元)	课题数(个)	课题经费(万元)	课题数(个)	课题经费(万元)
上海	38	2588.50	15	1716.14	8	606.66	15	265.70
江苏	15	617.38	11	238.38	2	371.00	2	8.00
浙江	10	264.00	1	10.00	2	164.00	7	90.00
安徽	22	907.20	6	147.20	4	205.00	12	555.00
江西	10	95.40	1	23.40	3	32.00	6	40.00
湖北	19	596.59	3	264.29	3	162.00	13	170.30
湖南	12	974.60	1	5.00	3	174.00	8	795.60
重庆	27	1935.21	3	150.21	10	1076.00	14	709.00
四川	15	179.60	1	3.60	6	82.00	8	94.00
贵州	11	205.00	2	45.00	8	90.00	1	70.00
云南	16	443.40	1	32.40	6	381.00	9	30.00
合计	195	8806.88	45	2635.62	55	3343.66	95	2827.60
全国	811	46057.37	263	26274.13	220	8900.42	328	10882.82

注:仅统计中央财政、省级政府机构、中国气象局下达的科研课题。
(数据来源:气象统计年鉴(2018))

②气象科学研究项目。2016—2018 年长江经济带各省(市)气象部门科研课题(包括中央财政、省级政府机构、中国气象局、省级气象部门下达的课题和企业委托、国际合作与其他课题)数量总体呈上升趋势,累计 4015 项(表 5.13、表 5.14、表 5.15),年均 1338 项。2018 年,长江经济带各省(市)气象部门科研课题总数为 1455 个,较 2017 年增长 10.14%,其中基础研究类 280 个,应用研究类 931 个,较 2017 年分别增长 14.75%和 16.81%。

表 5.13　2016 年长江经济带各省(市)气象部门科研课题分类情况表　　(单位:个)

省(市)	课题合计	基础研究	应用研究	试验发展	研究与试验发展成果应用	科技服务	生产活动
上海	56	12	39	1	2	1	1
江苏	138	23	90	3	15	6	1
浙江	133	31	87	2	11	1	1
安徽	88	14	54	7	9	4	
江西	85	7	66	1	10	1	
湖北	181	9	134	2	24	12	
湖南	199	51	95	12	29	10	2
重庆	91	3	41	17	24	6	
四川	111	33	52		18	8	
贵州	113	36	63	1	7	5	1
云南	44	10	21		10	3	
合计	1239	229	742	46	159	57	6
全国	3875	973	2120	118	484	161	19

(数据来源:气象统计年鉴(2016))

表 5.14　2017 年长江经济带各省(市)气象部门科研课题分类情况表　　(单位:个)

省(市)	课题合计	基础研究	应用研究	试验发展	研究与试验发展成果应用	科技服务	生产活动
上海	55	17	33	2	1	2	
江苏	83	32	44	3	4		
浙江	182	34	128	5	10	5	
安徽	150	22	111	6	9	2	
江西	153	4	131	12	4	2	
湖北	197	35	102	22	33	5	
湖南	107	13	60	11	10	11	2
重庆	70		2	18	42	7	1

续表

省(市)	课题合计	基础研究	应用研究	试验发展	研究与试验发展成果应用	科技服务	生产活动
四川	193	44	113	19	12	5	
贵州	87	32	52	1	2		
云南	44	11	21	4	2	5	
合计	1321	244	797	103	129	44	3
全国	4070	1057	2116	292	420	154	31

(数据来源:气象统计年鉴(2017))

表 5.15 2018 年长江经济带各省(市)气象部门科研课题分类情况表 （单位:个）

省(市)	课题合计	基础研究	应用研究	试验发展	研究与试验发展成果应用	科技服务	生产活动
上海	84	30	48		3	3	
江苏	82	33	44		3	2	
浙江	212	40	133	7	19	12	1
安徽	97	7	77	1	7	4	1
江西	85	1	79		5		
湖北	265	90	112	5	42	15	1
湖南	135	16	85	9	23	2	
重庆	74	12	36	10	15	1	
四川	250	33	186	6	21	3	1
贵州	148	16	116		16		
云南	23	2	15		4	2	
合计	1455	280	931	38	158	44	4
全国	4242	1113	2264	109	574	169	13

(数据来源:气象统计年鉴(2018))

③科学技术奖励。2016—2018 年长江经济带各省(市)气象部门气象科技成果共获得各类科技奖励 51 项,均为省部级科学技术奖(表 5.16)。

表 5.16 2016—2018 年长江经济带各省(市)气象部门省级科学技术奖励情况表

(单位:个)

省(市)	合计	2016	2017	2018
上海	2	1		1
江苏	3		1	2

续表

省(市)	合计	2016	2017	2018
浙江	7	4	1	2
安徽	3	2	1	
江西	4	1	2	1
湖北	6	2	3	1
湖南	6	2	2	2
重庆				
四川	8	2	3	3
贵州	7	4	3	
云南	5	3	1	1
合计	51	21	17	13
全国	131	48	39	44

(数据来源:气象统计年鉴(2016),气象统计年鉴(2017),气象统计年鉴(2018))

④科技成果登记。据统计,2018年长江经济带各省(市)气象部门气象科技成果登记(备案)的379项应用技术类科技成果中,有169项实现了业务化,占比为44.59%;43项正在进行中试转化,占比为11.35%(表5.17)。

表5.17　2018年长江经济带各省(市)气象科技成果登记(备案)的
应用技术类成果转化情况表

省(市)	总数	成熟	中期	初期
上海	16	3	2	11
江苏	32	22	1	9
浙江	108	40	17	51
安徽	30	9	3	18
江西	56	35	3	18
湖北	26	5	3	18
湖南	23	14	1	8
重庆	19	11	3	5
四川	34	12	3	19
贵州	22	12	3	7
云南	13	6	4	3
合计	379	169	43	167
全国	1203	533	180	490

(资料来源:中国气象发展报告(2019))

⑤气象专业技术人才。2016—2018年长江经济带各省(市)气象部门正式职工技术职称情况分别见表5.18、表5.19、表5.20。其中,2018年,长江经济带各省(市)气象部门正式职工中高级技术职称3358人,比2017年增加6.77%,正研级254人,副研级3104人,分别较2017年增长49.41%和4.34%。

表5.18 2016年长江经济带各省(市)气象部门正式职工技术职称分布情况表

省(市)	职工总数(人)	高级技术职称(人)		中级技术职称(人)	中高级技术职称占职工的比例(%)	中高级技术职称占全国中高级技术职称的比例(%)
		正研级	副研级			
上海	608	23	145	302	77.30	1.40
江苏	1578	22	247	783	66.67	3.13
浙江	1416	8	256	787	74.22	3.12
安徽	1676	12	209	811	61.58	3.07
江西	1653	9	272	876	69.99	3.44
湖北	1849	24	362	777	62.90	3.45
湖南	2057	10	311	948	61.58	3.77
重庆	735	11	117	375	68.44	1.49
四川	3174	15	288	1345	51.92	4.90
贵州	1501	7	184	630	54.70	2.44
云南	2102	16	300	921	58.85	3.67
合计	18349	157	2691	8555	63.62	34.68
全国	53153	755	8848	24059	63.33	—

(数据来源:气象统计年鉴(2016))

表5.19 2017年长江经济带各省(市)气象部门正式职工专业技术职称分布情况表

省(市)	职工总数(人)	高级技术职称(人)		中级技术职称(人)	中高级技术职称占职工的比例(%)	中高级技术职称占全国中高级技术职称的比例(%)
		正研级	副研级			
上海	602	22	144	297	76.91	1.36
江苏	1566	22	275	822	71.46	3.28
浙江	1394	8	281	755	74.89	3.06
安徽	1937	17	281	752	54.21	3.08
江西	1619	8	277	844	69.73	3.31
湖北	1786	28	394	781	67.36	3.52
湖南	2047	10	387	971	66.83	4.01
重庆	728	9	122	384	70.74	1.51

续表

省(市)	职工总数(人)	高级技术职称(人)		中级技术职称(人)	中高级技术职称占职工的比例(%)	中高级技术职称占全国中高级技术职称的比例(%)
		正研级	副研级			
四川	3101	15	313	1350	54.11	4.92
贵州	1517	12	210	624	55.77	2.48
云南	2077	19	291	889	57.73	3.51
合计	18374	170	2975	8469	63.21	34.02
全国	52495	837	9608	23690	65.03	—

(数据来源：气象统计年鉴(2017))

表 5.20　2018年长江经济带各省(市)气象部门正式职工专业技术职称分布情况表

省(市)	职工总数(人)	高级技术职称(人)		中级技术职称(人)	中高级技术职称占职工的比例(%)	中高级技术职称占全国中高级技术职称的比例(%)
		正研级	副研级			
上海	589	32	150	313	84.04	1.43
江苏	1560	32	278	818	72.31	3.26
浙江	1394	21	307	740	76.61	3.08
安徽	1613	24	267	742	64.04	2.98
江西	1597	16	288	809	69.69	3.21
湖北	1784	33	385	766	66.37	3.42
湖南	2007	18	423	974	70.50	4.09
重庆	710	14	159	387	78.87	1.62
四川	3002	24	332	1361	57.20	4.96
贵州	1543	16	220	629	56.06	2.50
云南	2068	24	295	892	58.56	3.50
合计	17867	254	3104	8431	65.98	34.05
全国	51903	1123	10063	23437	66.71	—

(数据来源：气象统计年鉴(2018))

第6章 长江经济带气象保障需求与问题分析

长江经济带要实现"具有全球影响力的内河经济带、东中西互动合作的协调发展带、沿海沿江沿边全面推进的对内对外开放带和生态文明建设的先行示范带"的战略定位,必然要求气象保障必须紧扣长江经济带协同发展的现实需求,做到具备全局视野、技术先进、互联互通、规划有序。然而,当前气象服务能力与长江经济带协同发展对气象保障服务的需求不相适应的矛盾比较突出,挑战和压力很大。

6.1 需求分析

长江是货运量位居全球内河第一的黄金水道,长江通道是我国国土空间开发最重要的东西轴线,在区域发展总体格局中具有重要的战略地位。依托黄金水道推动长江经济带发展,打造中国经济新支撑带,是谋划中国经济新棋局作出的既利当前又惠长远的重大战略决策。《长江经济带发展规划纲要》提出,到2020年,建成横贯东西、沟通南北、便捷高效的综合立体交通走廊,长江经济带成为充分体现国家综合经济实力、积极参与国际竞争与合作的内河经济带。这些预期目标的实现为长江经济带气象保障服务提供了新的机遇,但也提出了新的挑战。借助于长江经济带发展,完善气象防灾减灾体系,提高气象发展质量和效益,及时主动提供气象保障服务,是国家经济发展重大战略实施的迫切需要。

6.1.1 中央对长江经济带发展提出了新要求

推动长江经济带发展是党中央作出的重大决策,是关系国家发展全局的重大战略,对实现"两个一百年"奋斗目标、实现中华民族伟大复兴的中国梦具有重要意义。
2018年4月,习近平总书记在深入推动长江经济带发展座谈会上强调,"新形势下推动长江经济带发展,关键是要正确把握整体推进和重点突破、生态环境保护和经济发展、总体谋划和久久为功、破除旧动能和培育新动能、自身发展和协同发展等关系"。这一重要论述是针对当前长江经济带面临的生态环境形势严峻、产业转型升级任务艰巨、区域合作机制尚待完善等问题作出的重要战略部署,为把长江经济带建设成为生态更优美、交通更顺畅、经济更协调、市场更统一、机制更科学的"黄金经济带"

提供了重要的遵循的指导原则。

根据中央新要求和部署,今后气象保障长江经济带发展战略实施,就是需要坚持新发展理念,加强改革创新、战略统筹、规划引导,正确把握五个重要关系。

一是正确把握整体推进和重点突破的新要求。在推动长江经济带发展气象保障能力建设中,需体现全局和局部的辩证统一。习近平总书记指出:"要坚持重点突破,在整体推进的基础上抓主要矛盾和矛盾的主要方面,努力做到全局和局部相配套、治本和治标相结合、渐进和突破相衔接,实现整体推进和重点突破相统一。"

长江经济带发展气象保障能力建设是一项巨大的系统工程,气象服务长江经济社会发展,必须针对长江经济带这一大型流域的生态环境的保护和修复进行全面研究,追根溯源、诊断病因、找准病根、分类施策、系统治疗。因此,长江经济带发展气象保障能力建设要统筹协调,充分把握长江经济带发展的全局的服务需求,同时以点带面,明确长江经济带发展气象保障能力建设的阶段性重点任务。长江气象监测服务体系既要整体规划,又要充分考虑不同区段地理气候特点和经济社会发展不同的需要特点,真正实现整体推进和重点突破相统一。

二是正确把握生态环境保护和经济发展的新要求。在推动长江经济带发展气象保障能力建设中,需要充分体现保护与发展的辩证统一。"绿水青山"和"金山银山"不是对立的。习近平总书记指出:"共抓大保护和生态优先讲的是生态环境保护问题,是前提;不搞大开发和绿色发展讲的是经济发展问题,是结果;共抓大保护、不搞大开发侧重当前和策略方法;生态优先、绿色发展强调未来和方向路径,彼此是辩证统一的。"

推动长江经济带发展气象保障能力建设,既是保护长江生态环境安全的需要,又是满足服务长江经济带经济社会发展的迫切要求,在气象发展实践中必须统筹二者的关系。气象服务长江经济带生态安全,使长江流域的绿水青山产生巨大的生态效益、经济效益、社会效益,这是实现气象高质量发展的内在要求。同时,为长江经济带经济社会发展提供气象保障,也是义不容辞的职责,近些年来,在中国气象局指导下,长江经济带各省(市)气象部门为实施长江防护林建设、水土流失治理、河湖湿地保护等重大生态工程服务,为经济社会发展服务,做了大量工作,取得了显著成效。在今后的工作仍将保持做好这些服务。

三是正确把握总体谋划和久久为功的新要求。习近平总书记指出:"推动长江经济带发展涉及经济社会发展各领域,是一个系统工程,不可能毕其功于一役。"要有"功成不必在我"的境界和"功成必定有我"的担当,以钉钉子精神推动工作,方可累土成台、成就事业。

同样,长江经济带发展气象保障能力建设、气象保障长江经济带发展也是一项系统性、全局性和持续性的宏大工程。对此,必须牢固树立大局观、长远观、整体观,循序渐进,久久为功,绝不能贪一时之功、图一时之名,绝不能有一蹴而就的想法、急于求成的浮躁和急功近利的心态。正确把握总体谋划和久久为功的关系,要坚持"继承传统和改革创新相结合,制定目标和狠抓落实相结合"的辩证思维,既精准对接既定目标,制定出明确的时间表、路线图,稳扎稳打,分步推进,又紧密结合国内外发展形势给出的新任务和新要求,与时俱进,大胆突破,不断推进重点领域和关键环节的建设与发展。坚持一张蓝图干到底,脚踏实地抓成效,积小胜为大胜,不断开创气象服务长江经济带发展的新局面。

四是正确把握破除旧动能和培育新动能的新要求。推动长江经济带高质量发展,在我国经济发展的新旧动能接续转换中具有举足轻重的作用。长江经济带在发展过程中正在实现新旧动能转换,正在实打实地优化产业结构、推动产业转型升级,以新理念、新方式实现新发展的过程。长江经济带发展气象保障能力建设必须适应这种新旧动能接续转换,要围绕培育新兴产业和新业态,抓住供给侧结构性改革这条主线,开发新的气象服务产品,满足新的气象服务需求,在推动长江经济带建设现代化经济体系中占有一席之地。

五是正确把握自身发展和协同发展的新要求。长江经济带不是一个独立单元,长江经济带气象保障也不是一个独立单位。但长江经济带作为流域气象服务,涉及水、路、港、岸、产、城等多个方面,都应运用系统论的方法,正确把握自身发展和协同发展的关系。沿线各地是休戚相关、互动共进的生态共同体、经济共同体、气象保障共同体。长江经济带各个地区、每个城市的气象部门在注重自身发展的同时,都要从整体出发,树立"一盘棋"理念,实现协调发展、资源共享、有机融合,形成整体合力。一方面,沿江各地气象部门都要发挥自身特色和优势,避免同质化、低效率竞争;另一方面,要建立统一市场和规则,优化配置生产要素,着力解决流域气象发展不平衡不协调等问题,在顶层设计上相互配合、在实施过程中相互促进、在建设成效上相得益彰,推动长江经济带沿线省(市)和城市群气象保障能力建设形成"大协作"的一体化发展态势,着力构建长江经济带现代气象保障体系,切实为长江经济带高质量发展提供优质气象服务。

6.1.2 保障长江经济带发展气象防灾减灾任务艰巨

长江经济带横贯东西,暴雨引发洪水、台风频频袭击下游各省(市),时而深入内地、暴雨诱发中小河流山洪地质灾害、大风、雾霾等等气象灾害及次生灾害,对长江经济带各省(市)造成的经济损失和影响不断加大,对人民群众生命财产安全和生产生活秩序构成严重威胁。

长江经济带发展,必须把气象防灾减灾工作提到重要议事日程,尤其是长江洪水灾害、流域性干旱灾害、长江地质灾害等均对气象服务提出了很高要求。前面关于长江流域气象灾害中已经提到,如1998年主汛期长江流域降雨频繁、强度大、覆盖范围广、持续时间长,长江上游先后出现8次洪峰并与中下游洪水遭遇,6—8月长江流域面平均降雨量为670毫米,比历史同期平均值多183毫米,偏多37.5%,仅比1954年同期少36毫米。但由于抗洪抢险措施得力,长江干堤只有九江一处决口,沿线城市和交通干线没有受淹,淹没面积32.1万公顷,受灾严重的中下游5省死亡1562人。2016年长江流域发生了自1999年以来最严重汛情,导致流域5608万人受灾,直接经济损失达1661亿元,其中湖北、湖南、安徽、江西、江苏等地受灾损失占到流域洪灾总损失的90%。随着长江经济带的开发,重大工程和重大项目将呈现增多趋势,气象防灾减灾将面临诸多新任务。

6.1.3 长江黄金水道和经济带综合立体交通对气象保障提出新任务

长江是连通我国东中西部、货运量位居全球内河第一的"黄金水道",干线年货运量超过20亿吨。依托"黄金水道",统筹铁路、公路、航空、管道建设,加强各种运输方式的衔接和综合交通枢纽建设,是我国经济和社会发展的重大战略决策。几千千米长江航道地形复杂,沿途气候多变,航运和航道整治工程施工建设都受能见度、大风、洪涝等灾害性天气影响较为严重,大风、暴雨、雷电、低温雨雪冰冻也是影响长江经济带立体交通走廊主要的灾害性天气。航道因天气等各种原因所造成的人员伤亡及财产损失几乎年年发生(表6.1、表6.2),尤其是2015年长江"东方之星"号客轮沉船事件,为长江航道气象安全保障敲响了警钟。

表6.1 2015年长江经济带各省(市)运输船舶水上交通事故指标统计表

区域		一般等级以上交通事故(件)	死亡失踪人数(人)	沉船艘数(艘)	直接经济损失(万元)
交通运输部直属海事局辖区	长江海事局	12	15	9	1111.50
	上海海事局	11	3	4	3293.00
	江苏海事局	31	35	27	7229.40
	浙江海事局	33	53	15	7223.40
地方海事辖区	上海地方水域	6	3	2	
	江苏地方水域	0	0	0	0.00
	浙江地方水域	9.5	7	1	27.00
	安徽地方水域	5.5	6	12	351.32
	江西地方水域	4	2	3	
	湖北地方水域	1.5	1	0	4.59
	湖南地方水域	3	3	2	21.30
	重庆地方水域	0	0	0	0.00
	四川地方水域	2	3	0	16.70

续表

区域		一般等级以上交通事故(件)	死亡失踪人数(人)	沉船艘数(艘)	直接经济损失(万元)
地方海事辖区	贵州地方水域	0	0	0	0.00
	云南地方水域	0	0	0	0.00
	合计	118.5	131	75	42.59

注:1. 长江海事局辖区为长江干线重庆至安徽段;上海海事局辖区为上海沿海水域和上海港区;江苏海事局辖区为长江江苏段和江苏沿海;浙江海事局辖区包括浙江沿海所有水域和宁波、舟山、温州、台州4个市所有内河水域以及绍兴(上虞)部分内河水域。

2. 运输船舶与非运输船舶碰撞事故记为0.5件。

(数据来源:长江年鉴(2016))

表6.2 2016年长江经济带各省(市)运输船舶水上交通事故指标统计表

区域		一般等级以上交通事故(件)	死亡失踪人数(人)	沉船艘数(艘)	直接经济损失(万元)
交通运输部直属海事局辖区	长江海事局	37	49	26	7233.3
	上海海事局	14	28	15	7888.00
	浙江海事局	26	54	19	7019.30
地方海事辖区	上海地方水域	10	10	1	50
	江苏地方水域	12	11	0	0.00
	浙江地方水域	13	11	0	0.00
	安徽地方水域	3.5	3	2	110.00
	江西地方水域	2	2	2	115.00
	湖北地方水域	6	7	0	32.49
	湖南地方水域	2	3	2	7.00
	重庆地方水域	0	0	0	0.00
	四川地方水域	1	1	1	5.00
	贵州地方水域	0	0	0	0.00
	云南地方水域	0	0	0	0.00
	合计	126.5	179	68	22460.09

注:1. 长江海事局辖区为长江干线重庆至江苏段;上海海事局辖区为上海沿海水域和上海港区;浙江海事局辖区包括浙江沿海所有水域和宁波、舟山、温州、台州4个市所有内河水域以及绍兴(上虞)部分内河水域。

2. 运输船舶与非运输船舶碰撞事故记为0.5件。

(数据来源:长江年鉴(2017))

从目前的情况来看,无论是水上航运气象保障,还是公路、铁路气象保障,都存在多部门不规范和重复建设问题,缺乏顶层统一设计、规划、建设、运行等,设备选型不统一,缺乏相应的技术和服务标准,这些问题都极大制约了长江"黄金水道"和综合立体交通气象保障服务业务的发展。加强长江经济带气象灾害风险预警和风险管理是黄金水道航运安全、航道整治工程建设和智能航道建设的需要,也是综合立体交通安全保障将面临的新课题。

6.1.4 长江沿线生态安全对气象保障提出新需求

长江上游水土流失严重,地质灾害频发,中下游湖泊、湿地功能退化,江湖关系紧张,洞庭湖、鄱阳湖枯水期延长(肖金成 等,2017),长江经济带生态环境保护形势严峻;在长江经济带的发展过程中,要统筹江河湖泊丰富多样的生态要素,构建以长江干支流为经脉、以山水林田湖为有机整体,江湖关系和谐、流域水质优良、生态流量充足、水土保持有效、生物种类多样的生态安全格局,这对气象保障沿江绿色生态环境、推进生态文明建设提出了许多新的需求。

长江上游及西南诸河区分布于四川、云南、贵州、湖北、重庆、陕西、甘肃及西藏等省(区、市)。地质构造复杂而活跃,山高坡陡,人地矛盾突出,坡耕地比重大。耕作层薄于 30 厘米的耕地占 18.8%。由于复杂的地质条件和强降雨作用,滑坡、泥石流多发(孙鸿烈,2010)。全国现有严重水土流失县 646 个,其中长江流域 265 个,占总数的 41.0%(叶晓楠,2009)。

长江流域水土流失现状与特点如下(廖纯艳,2008)。

(1)流失面积与分布。据全国第二次水土流失遥感调查,长江流域水土流失面积为 63.74 万平方千米,其中水蚀和风蚀面积为 53.08 平方千米,占流域总土地面积 180 万平方千米的 30%,年均土壤侵蚀总量 22 亿吨。水土流失主要分布在上中游地区,这一地区水土流失面积 50 余万平方千米,约占全流域水土流失面积的 80%。主要集中在上游的金沙江下游及毕节地区,嘉陵江流域,沱江、岷江中游,乌江上游及川东鄂西三峡库区和中游的汉江上游(即南水北调中线工程水源区),洞庭湖水系的湘、资、沅、澧四水,清江、赣江以及大别山南麓的倒、举、巴、浠、皖诸水的中上游。

(2)流失类型与程度。长江流域的水土流失类型主要包括水蚀、风蚀、冻融侵蚀、泥石流、崩岗等。其中水蚀面积达 52.41 万平方千米,占水土流失面积的 82.2%。风蚀面积 0.67 万平方千米,冻融侵蚀面积 10.66 万平方千米。据不完全统计,长江上游共有 1.3 万多处滑坡和 3000 多条泥石流沟,另外在湘、赣等地的花岗岩风化层深厚地区还分布有近 10 万个大小崩岗。

全流域水蚀面积中,轻度流失面积为 21.2 万平方千米,占 41%;中度流失面积为 21.5 万平方千米,占 40%;强度流失面积为 7.6 万平方千米,占 15%;极强度流失面积为 1.7 万平方千米,占 3%;剧烈水土流失面积为 0.4 万平方千米,占 1%。

6.1.5 长江经济带新型城镇化和城市发展对气象保障提出新课题

2018年,长江经济带人口5.98亿,平均城镇化率为61.27%,上海、江苏、浙江、重庆、湖北等省(市)超过60%(超过全国城镇化率59.58%)(表6.3)。长江经济带内共有125个地市级以上城市和长三角城市群、长江中游城市群、成渝城市群三大城市群和黔中、滇中区域城市群。城乡经济社会结构深刻改变,对社会治理、城市管理、公共服务和法治建设提出更多更高的需求,是公共气象服务特别是城市气象服务发展的动力所在、潜力所在。开展城市规划、重大工程的气候可行性论证、城镇气候承载力的评估,研究气候变化对城市系统的影响,增强城市的适应性与可持续性,均要求强化城市应对气候变化的策略研究,提高城市气候服务能力,开展气候变化下韧性城市灾害风险管理,推进气象灾害应急管理向风险管理转变。

表6.3 2018年长江经济带各省(市)常住人口城镇化率

省(市)	人口(万人)	城镇化率(%)	排名
上海	2423.27	88.10	1
江苏	8050.70	69.61	2
浙江	5737.00	68.90	3
安徽	6323.60	54.69	8
江西	4647.60	56.00	7
湖北	5917.00	60.30	5
湖南	6898.80	56.02	6
重庆	3101.79	65.50	4
四川	8341.00	52.29	9
贵州	3600.00	47.52	11
云南	4829.50	47.81	10
合计	59870.26	61.27(平均)	
全国	139538	59.58	

(数据来源:中国统计年鉴(2019))

6.1.6 长江经济带产业转型发展对气象保障增加了新动能

长江经济带是我国密度最高的经济走廊之一,也是目前世界上可开放规模最大、影响范围最广的内河流域经济带。长江经济带产业转型升级,上中下游地区需要立足不同的资源条件,各有侧重地发展特色生态农业、休闲农业、特色旅游业、现代种业、高效精品农业和都市农业,这些都对上中下游协调统一、开展集约化气象保障、跨区域气象保障服务需要新动能,也对培育长江沿线成为国际黄金旅游带、打造沿江绿色能源产业带、开展绿色能源开发、运行和输送的气象保障服务提出了很多新需求。

6.2 存在的主要问题与原因分析

近些年来,长江经济带气象保障能力建设虽然取得了一定进展,也取得明显成效。但面对中央对长江经济带发展提出的新要求、部署的新任务,长江经济带气象保障能力建设还存在一些比较突出的问题。

6.2.1 存在的主要问题

(1)长江经济带气象保障体系建设滞后

从国家长江经济带发展战略规划来看,目前并没有明确提出长江经济带气象保障体系建设问题。长江经济带气象安全保障,最突出应当是长江航道安全、长江水利安全、长江沿江高速公路安全的气象保障,但就历史情况分析,长江经济带气象保障存在最突出的两个问题。

①长江水道航行气象安全保障建设严重滞后。在2016年以前,从长江上游至长江中游,到长江下游,并没有建立形成统一布局的沿江气象观测站网,除重庆和安徽有计划地逐步沿江布建气象观测站外,其他各省(市)专门为长江水道航行所布建气象观测站则很少,即使重庆在其境内布点密度也不够,平均20千米才有一个观测点,江南、江北和江面上气象要素变化差别很大,特别是最影响航道通行安全的大风、大雾,如果用5千米距离以外的气象观测资料代表,那可能完全代表不了。但现在保障江面航行安全的无论是气象观测,还是气象预报都是用相距几千米,或几十千米的县市城镇气象信息代替,真正在江面航行安全主要还是凭监管人员和船长的经验,2015年"6.1"事件已经敲响了警钟。因此,"6.1"事件以后,已经提出必须适应长江航运安全保障需求,进一步加强长江沿岸天气雷达、自动气象观测站网建设,并加强船舶自动气象探测系统建设,提高恶劣天气预测预警能力。2016年气象部门实施《长江经济带气象保障协同发展规划》以来,长江水道航行气象安全保障建设虽有一定进展,但总体发展还比较慢,不能有效适应长江经济带快速发展的要求。

②长江经济带高速公路气象保障不足。目前高速公路气象观测站建设比较分散,气象服务各管一段,省(市)之间差别比较大,从2013年的情况分析,整个区域的高速公路气象观测站只有714个,其中江苏、安徽就占了50%,其密度远远达不到满足保障高速公路安全的气象服务要求。在建设和服务上也是各管的区段,包括沿江而上的沪蓉高速气象服务保障,缺少长江全线的统一规划布局。2016年以来,长江经济带高速公路气象保障服务取得一些新进展,公路气象观测站各省(市)均有增加,但要完全解决分散运行的局面,提高气象服务水平和效率,从总体上还有待加强顶层设计,从制度上建立融合机制。

(2) 多部门参与气象保障，气象服务水平不高

①多部门开展气象保障。由于历史的原因，除气象部门外还有多个部门开展气象服务保障。如针对长江主要干支流水雨情预报—长江水利委员会水文局设立的水情预报中心、针对水库优化调度—三峡集团公司设立的三峡梯调通信中心气象台，都开展与自身主业相关的气象监测预报业务，以上各部门虽与气象部门有合作，但自身均建有独立的监测预报气象业务体系，其业务融合与共同升级、成果和信息共享都有待完善相应机制。

②多部门重复建设，存在资源利用率不高的现象。在资源投入上，由于历史原因，各部门、各地方为了自身利益和凸显政绩，纷纷利用部门或行政手段铺摊子、上项目，存在低效重复建设、资源利用率不高的情况。一是多部门重复建设气象观测系统。在气象监测站点建设上，除气象部门外，水利部门有自己的一套雨量监测系统，公路、航运、航空、铁路原来也有自己一套交通气象监测站点，由于技术、质量、标准等不同，这些信息难以实现共享，或者本身就不愿共享，往往形成信息孤岛和低效重复建设。二是各级各部门发展自己的数值预报效率不高。多部门和各级纷纷购入高性能计算机、引进国外数值模式开展本部门的数值预报业务，既难以对系统进行有效改进和实现自身维护，也难进行业务专业化审查就投入业务，呈现低效产出，相应地损耗了较大的人力和财力资源。

③气象服务属地提供为主。在气象部门内部，长江经济带上虽然设立华东、华中和西南三个区域气象中心以及长江流域气象服务中心，但气象保障服务基本也是以省（市）为主，属地化、条块化特征比较突出。造成当前长江经济带气象保障整体性责任主体不够明确，有些职责并不一定清晰，特别省域和县域交界处、以江为界的江南江北地区，既难以形成有效的边界对接机制，又难以形成十分有效跨省（市）、跨区域、跨部门合作协调的机制，一旦出现气象灾害事件往往都存在查找原因的现象。

(3) 共享协调机制不完善，部门资源分散比较明显

①长江监测信息资源分散，难以实现充分共享。涉及长江监测部门很多，包括有长江气象监测、水文监测、航道监测、地质监测、地震监测、环境监测和生态监测等，这些监测信息都具有高度的相关性，但长期以来这些监测信息都分散在各个部门，基本特点是各部门自建自用自维护，大都难以实现充分共享，不仅降低了其效用价值，而且存在建设性的重复交叉和浪费。

②跨区域气象保障服务产品供给不足。虽然气象信息作为经济社会活动的公共基础信息，已成为政府提供的基本公共服务，实现了人人共享，然而跨区域、跨省份的经济社会活动所需的气象信息来自不同部门、不同地域、不同系统，呈现来源多元化、渠道多样化、内容碎片化特征，部门地域信息共享协调不够，综合性的大数据分析、云服务产品提供政府部门缺位。

③跨区域气象保障服务供给的动力不足。虽然服务型政府、服务型部门已经获

得普遍认同,但各部门服务均限于自身业务熟悉的范围和区域,仍然将上级行政管理部门当作重心而比较忽略用户,偏重于上级考核、忽略服务对象的真实需要,各部门之间未形成常态化的沟通交流机制,信息共享不够,对向长江经济带跨区域、跨行业的需求所提供的服务有限,满足不了国家改革、信息技术快速发展的应用和经济全球化背景下的长江经济带气象保障要求。

(4)现有气象业务和服务能力不足。

①气象综合观测体系布局和支撑能力明显不足。一是长江沿江观测站网布局不协调。中小尺度天气观测网站点仍较稀疏,小尺度天气监测能力较弱,难以监测到空间尺度几千米到十几千米、持续时间短的中小尺度天气系统的发生和发展,造成局地强对流天气漏测现象,还不能满足短时临近预报预警的需求。

二是综合观测能力不平衡。现有监测网布局主要基于满足传统气象科学研究和气象预报业务的需要,对经济社会发展需要的气象服务响应比较迟缓,还有许多最需要提供实时气象观测服务产品地方还存在空缺。不论是在长江干线航道、公路交通以及航空、高速铁路沿线的立体交通气象监测,还是沿江的环境、旅游、生态气象监测,部门自建的监测站点严重不足,监测要素不全,保障能力较弱,部门共建共享联网推进较缓慢。

三是观测标准规范有待统一。目前,各部门自动化气象观测站的型号多种多样、数据格式多种多样、观测要素多种多样,在气象数据的生产和应用业务环节中,产生和保持数量繁多的自定义气象数据格式,造成上下游各应用系统衔接联动性薄弱等问题,给随后的业务服务应用及运行保障留下不少隐患。

②气象预报预警关键技术有待加强。目前,具有自主知识产权的数值模式预报准确率与先进国家还有一定差距,格点预报尚处于局部试验阶段,预报精细化程度和预报时效不够,短临预报服务、灾害风险预警、智能气象等与世界先进水平的差距依然很大;针对长江经济带各服务领域的高影响天气基本特征、分布规律及成因分析的技术攻关研究很大部分尚未起步,长江经济带经济社会发展重大规划、重大项目气候可行性论证和灾害影响评估的能力明显不足。

③服务系统和产品的针对性亟须提高。一是缺少标准化的服务系统和产品。各服务领域既缺少集信息采集、阈值风险预警、预报预警产品制作发布、业务检验和效益评估于一体的气象业务平台,也缺少用户能够深度参与的大数据平台。气象服务产品没有统一的标准,对长江经济带水运、陆运、水文、水电、能源等部门没有形成针对性较强的专业气象服务指标。

二是专业服务产品针对性不强,缺乏核心竞争力。气象部门服务单位依然存在以预报产品代替服务产品,以公众服务代替专业服务的现象。长江经济带气象保障很大程度上是跨行业的服务,既要立足气象核心,更须加强跨行业的针对性。当前真正意义上的专业专项气象预报方法和服务产品为数不多,以航运交通为例,长江沿线大风、大雾观测预警系统如何构建,重要码头、港口和水上大型船泊如何提供定时定位服务,跨省(市)航运如何开展气象服务等均有待进一步研究。生态环境、能源、海洋等领域的产品针对性不强,不能满足用户的个性化需求。

三是在服务领域上未形成规模和品牌。目前仍沿袭传统的服务方式,各服务领域开发深度不够,专业气象服务集约化、规模化、品牌化力度明显不足。长江经济带重大行业领域气象服务也达不到常态运行,其业务融合度、深度参与程度不高,更谈不上在全新领域研究和引导用户需求形成规模。目前,从总体上看,长江经济带专业气象服务发展速度迟缓,总量规模小,发展水平低,竞争力不足,未能形成规模化和集群发展。

(5)区域和生态保护气象保障支持政策还不明确。推动长江经济带发展要求打破行政壁垒,增强系统思维,创新体制机制,要求通过规划引领,政策领导,资源配置来共同协调发展。区域气象保障也应冲破现有管理体制和运行机制的制约,打破部门、区域界限,明确政府和市场的各自作用,通过规划明确投入部门和投入方向,而这样的政策涉及多部门、多区域利益,一时之间难以出台。

党的十八大以前,各地主要将发展理解为发展经济,"重开发轻保护""重经济轻环境"。侧重考虑经济的快速发展,片面追求GDP,却未考虑资源开发利用的合理性及生态与环境保护。沿江各省(市)缺乏统筹协调,各自为政,在沿江布局了众多的重化工企业,直接对生态环境造成威胁。在污染物排放方面,受地方保护主义影响,造成大气和水环境污染日趋增多,以及生态恶化、退化等现象。在城市化进程的快速发展中,城市数量巨增,城市人口、交通密集、城市容量过饱和。城市工业污染、污水处理、垃圾处理、汽车尾气排放等直接加剧了城市环境恶化。近年来,中央对这些问题的治理已经进行全面部署,但气象保障参与治理只有一些原则性要求,具体性政策措施还不够明确。

6.2.2 主要原因分析

分析以上长江经济带气象保障存在的主要问题,探究其产生的深层次原因,主要表现在以下四个方面。

(1)国家层面的原因

①缺少管理协调机构和战略设计。近些年来,七大江河虽然都成立了相应的气象服务机构,但这些机构均隶属于气象部门,而且大都是非独立法人机构,管理权限非常有限。而水利部门有长江水利委员会,交通运输部门有长江港务管理局,农业部门有长江流域渔政监督管理办公室,这些具有跨行政区域管辖权的机构在流域业务规划、监管、协调等方面发挥了重要作用。随着长江经济带发展战略的全面实施,有必要成立类似于长江水利委员会的气象保障管理协调机构。另外,虽然2016年4月中国气象局印发了《长江经济带气象保障协同发展规划》,但这仅是部门规划,对其他

部门没有约束力,有可能影响规划的有效实施。

②长江沿线气象观测站网建设比较混杂。深层次原因在于多部门投资、多部门建设,缺乏统筹管理,气象行业监管协调有待加强。现已建成的气象观测站点布设,一般以面上均匀布点为主,并没有在灾害多发区增加建站密度。就长江沿线而言,仅有少数省份在沿线建成了数量不多的气象观测站,同时水利、交通、环保、地质、生态等部门也在长江沿线建设有规模不等的气象观测站,但这些气象观测站的布设情况,主要分散在不同部门,共享性不够高。

(2)部门层面的原因

①气象观测各自为阵,存在资源浪费现象,利用率不够高。一是国家没有及时制定长江沿线气象观测规划,各部门建设的气象观测站网并没有纳入统一管理,存在重复投资、重复建设、资源利用效率不高的问题。二是一些行业部门的气象观测设施规范性校验和标定不统一,其气象观测数据的科学性受到影响。

②气象观测信息难以共享,相关气象观测信息共享渠道不畅。水利、交通、环保、地质等部门形成气象资料数据汇交不够集约,大量气象观测资料只在其部门内部使用,影响了气象观测资料共享和使用效率。

(3)省际层面的原因

①省际合作不广泛、不深入。长江经济带各省(市)的气象保障服务大多都是行政命令式或是政府主导型,政府或部门之间建立的沟通协调机制,一般都是采用联席会议等方式,这种方式在宏观协调方面具有一定的作用,但在微观执行和具体实施方面难以发挥应有的作用。

②服务特色不明显,业务同质化现象比较明显。长期以来,在气象部门各省(市)气象业务基本呈现上下一般粗的特点,各省(市)开展的气象服务业务均大同小异,虽然各省(市)的气候条件、人文地理条件、经济社会发展条件不尽相同,对气象服务的需求应是千差万别、各有特色的,但气象保障服务的同质化普遍存在,尤其在针对气象敏感行业的专业专项气象保障服务问题更为突出。

(4)气象部门自身的原因

①体制不适应。长期以来,气象部门实行的是分行政层级、分技术层级、分行政管辖、纵向逐级指导、横向功能不互补、地域范围服务互不进入的体制,这种条块分割、属地化管理方式,使气象部门自上而下形成的国家、区域、省、市、县五级机构,相互之间并没有形成气象服务市场开发的强大优势,反而成为服务市场开拓的壁垒,气象服务市场被人为地按照行政区域切分,各行政区域之间不能进入对方行政管辖区域开展气象服务业务,这种现象依然存在。同时,由于没有一定的市场导向机制,相互之间并没有更多意愿和动力去突破推进。

②机制创新不足。由于受惯性思维和计划经济管理方式的长期影响,气象部门在部门之间、省(区、市)际之间、上下级之间虽然均有不同程度的合作,但这种合作很

少采用市场机制,由此导致在合作的广度和深度上都具有很大的局限性,合作双方的积极性、主动性不够,合作流于形式多,取得实效少。

③气象管理职能不到位。气象部门在行业规划制定、行业部门气象设施建设、观测仪器标定、资料汇交等社会气象管理方面均存在履职不强的情况,《气象法》规定的事项难以落实到位。

④科技创新能力不足。长江流域气候系统既是一个整体,又有上中下游的气候区别,目前没有建立形成流域性气候科研机构,在全流域一些跨省域、市域的气候研究和气象服务应用性研究成果不多,而且比较分散,没有形成机制化和长效性的研究队伍,一些服务应用研究比较零散。长江流域气象中心业务并没有相应的科学研究支撑,因此其业务发展也比较缓慢。

第7章 构建长江经济带气象保障体系的思路与建议

构建长江经济带气象保障体系是一项系统工程,不仅涉及的国家部门比较多,而且涉及的地区比较广,建设任务也十分复杂。因此,当前必须形成明确的思路,才可能逐步推进长江经济带气象保障体系建设。

7.1 构建长江经济带气象保障体系主要思路

长江经济带气象保障体系,是长江经济带经济社会发展保障系统的重要组成部分。以上分析了长江经济带气象保障服务现状和存在的问题,如何根据国家关于长江经济带经济社会发展的新要求,最重要的在于应明确构建长江经济带气象保障体系的思路。

7.1.1 问题导向,突出重点

问题导向,是解决一些重大问题的重要方法和途径。根据第6章的分析,目前长江经济带气象保障确实存在很多问题,构建长江经济带气象保障体系必须从分析这些问题入手。在深入分析的基础上,再分清哪些是分省(市)行政区域可以解决的问题;哪些是分省(市)行政区域不能解决而是跨行政区域的,或应上升为长江全流域解决的问题;哪些是应由国家层面解决的问题;哪些是由部门之间解决的问题;哪些是由一个部门内解决的问题。属于长江全流域解决的问题和应由国家层面解决的问题,以及由部门之间解决的问题,可能是构建长江经济带气象保障体系应解决的重要问题。

突出重点,也是推动解决重大问题的重要思路和方法。长江经济带气象保障,涉及长江全流域解决的问题和应由国家层面解决的问题,以及由部门之间解决的问题很多,诸如长江经济带交通、生态、水资源、防灾、产业布局等气象保障都有可能涉及。但是,从实施意义上讲必须突出重点,选择从气象保障服务最需要、最突出、最重要的问题入手,才可能有效地构建并不断完善长江经济带气象保障体系。

根据问题导向,突出重点,还要坚持循序渐进。坚持从解决当前影响区域协调发展的突出问题入手,分阶段设定目标任务,在抓好区域规划和政策文件贯彻实施的同时,加快建立健全区域协调发展体制,逐步形成长效机制,推动区域协调发展工作进入规范化轨道。目前长江经济带气象保障最需要重点解决的问题,一是长江水运气象安全保障;二是延伸长江沿江高速公路气象安全保障;三是长江水资源利用、生态保护与生态安全的气象保障。

7.1.2 统筹规划,实施互融

构建长江经济带气象保障体系,是一项涉及国家多部门的系统工程,其中涉及长江安全而隶属不同部门的气象监测、水文监测、河道监测、地质监测、地震监测、环境监测、生态监测等具有高度的相关性,为避免重复建设,避免各部门自建自用自管的低效率建设,必须由国家统筹规划,应打破旧体制下形成的各自独立的规划制度,构建长江经济带气象保障体系统筹规划,国家应考虑整个长江监测系统的统一规划,国家各部门之间不能再就相同的建设内容重复立项、重复建设,可以考虑由国家综合部门统一组织制定长江监测系统建设规划,并作为基础建设统一纳入长江经济带发展规划之中。

同时,统筹规划要考虑到国家层面统筹区域发展战略布局、总体规划和制度安排,组织编制跨区域、次区域规划,强化区域重大项目、重大政策、重大制度、重大体制的对接,促进区域协调发展。坚持从各地实际出发,因地制宜,分类指导。具体来讲,应充分考虑统筹华东、华中、西南各区域和各省(市)服务长江经济带发展的优势资源;加强与长江经济带发展相关专项规划的衔接,融入长江经济带发展,有序推进长江监测保障重大项目和重大举措落地落实。

实施互融,就是应在统筹规划之下,国家各部门作为整体规划的一部分采取互融方式实施,国家各部门按照规划要求和职责分工,承担相应的建设和服务任务,从而提高长江经济带气象保障体系建设和服务效率。

7.1.3 互联互通,资源共享

长江经济带保障服务系统的互联互通,就应把长江经济带的气象监测、水文监测、河道监测、地质监测、地震监测、环境监测、生态监测等业务实现网间互联和业务互通。首先保证这些业务实现网络互联,然后在网络互联基础上保证业务互通,从而达到不同网络、不同部门、不同业务之间的业务互通,既应打破国家部门之间的分隔,又应打破长江经济带气象保障服务片段分割、各自为政的格局,突出互联互通、协同发展的特点,实现面向经济带、面向全流域的一体化气象保障服务机制建设和联合协同创新攻关,推进服务的标准化、一体化和高效化。

资源共享,就是把各部门包括长江经济带不同层级、不同行政区域涉及的监测信息资源、产品信息资源共同分享及利用。过去同一项目在不同部门之间或搞重复建设,最主要的原因之一就是部门之间不仅难以实现共享,而且相互之间还搞信息资源封锁,迫使各部门搞小而全、大而全,这既有当时的技术原因,也有政策因素和部门利益原因,从而造成国家投资整体效率不高,国家公益部门职能交叉。未来构建长江经济带保障服务系统,必须全面推进实现部门之间、地区之间信息资源共享,最大限度地提高国家公共投资效率。

7.1.4 适当重组,优势互利

受传统体制机制的影响,目前涉及长江经济带保障性服务监测和相关信息服务部门很多,如气象监测、水文监测、河道监测、地质监测、地震监测、环境监测、生态监测等,这些监测和信息产品生产,均分散在不同部门,各部门既有不同的监测内容和信息产品,也有相互监测内容和信息产品,无疑存在一些重复建设的内容。对这些重复性建设和工作内容应适当重组,相同业务应尽量划归一个部门承担,不同业务内容应尽量由具有法定职能和科技优势明显的工作部门承担,或者以一个工作部门为主,其他部门可补充单一工作部门承担不了的业务任务。

长江经济带监测类服务保障体制还比较复杂,在一时难以解决体制问题的情况下,则需要发挥各自的优势,把一个部门的业务优势转化为其他部门应用优势,从而实现部门间互动互利。

7.2 构建长江经济带气象保障体系主要建议

根据以上思路,构建长江经济带气象保障体系需要从国家层面、部门层面和地方层面系统考虑,具体建议有以下几点。

7.2.1 加强长江经济带综合监测能力建设

(1)重点强化长江沿岸气象灾害监测能力,完善综合气象监测网。涉及长江沿岸安全的部门很多,气象、水利、林业草原、自然资源、交通、环境保护、地震等相关部门都在进行与职能相应的监测业务,为提高长江沿岸综合安全保障能力,必须从国家层面加快推进长江沿岸气象灾害综合监测能力建设。一是对长江沿岸分地段增补天气雷达,弥补监测盲区,实施新一代天气雷达双偏振技术升级改造,提高强降水监测精度和降水粒子相态识别能力。二是在长江沿岸复杂地形地貌区域增补 X 波段雷达、风廓线雷达组网观测,完善 GNSS/MET 观测站、地基微波辐射计监测网,形成地基综合遥感垂直观测能力。三是优化自动气象站网。按照国家气象观测站技术标准,参照长三角地区站网布设密度,结合数值预报和预报效果检验需要,重点针对长江中上游地区,遴选一批区域气象站,形成布局合理、运行稳定、质量可靠的国家气象观测站补充站。在长江航道及周边特殊地形区域加密地面自动观测,增补区域自动气象站,提高能见度、大风等地面气象要素观测密度。四是按照统一规划、分省(市)实施的要求开展气象保障专业专项观测。

(2)组织制定长江经济带监测保障专项规划。在国家《长江经济带发展规划纲要》指导下,由国家发改委组织,气象、水利、农业农村、林业草原、自然资源、交通、环境保护、地震等部门参与,制定《长江经济带综合监测业务专项规划》,从规划源头上避免各部门重复建设和业务重复。长江经济带监测业务专项规划是各部门结合部门职能,开展分项监测业务和服务规划建设的总依据,从而使长江经济带监测业务服务保障真正形成统而不死、分而不乱、用而共享的监测业务服务格局。

在国家《长江经济带综合监测业务专项规划》指导下,国家各部门既可以按照职能部门独立申报长江经济带监测建设项目,又可以多部门联合申报长江经济带监测建设项目。如长江水道气象安全保障监测建设项目,就可以由国家气象部门与交通部门共同申报建设项目,也可以由国家交通、气象、水利、自然资源部门共同申报长江水道气象水文地质安全保障监测建设项目;又如涉及长江流域水生态监测建设项目,则可以林业草原、水利、气象、环境保护等部门联合申报。

(3)由国家有关部门共同推进长江经济带监测系统建设。一是水利、交通、自然资源和气象部门应共同推进长江沿岸气象灾害监测系统建设。气象灾害监测系统是保障长江水运安全的基础性系统,水利、交通是保障长江水运安全管理部门和具体组织实施的部门,气象部门则主要是一个服务保障部门。但对长江水运安全的气象保障服务,目前在职责上还不够明确,因此专门针对长江沿岸的气象灾害监测系统建设还比较分散,各地进展不平衡,并主要由省级地方政府支持。从 2015 年 6 月 1 日长江上发生的事件看,目前长江水道气象安全保障水平相对航空、近海、铁路和高速公路气象安全保障水平应是最低的。提高长江水道气象安全保障水平已经刻不容缓,水利、交通、自然资源和气象部门应共同组织推进长江沿岸气象灾害监测系统建设,应共同向国家申报建设项目,并在四部门完全实现气象监测信息、水文监测信息、河道监测信息共享。

长江经济带内如果由每个省(市)或地级市在长江沿岸自行建设气象监测系统,肯定效率不高,系统布局的统一性、标准性、合理性和功能的完备性均难以提高,这也是目前长江沿岸气象监测系统建设还很不完备的主要原因。因此,中国气象局在利用长江沿岸现有气象监测系统的基础上,应当结合长江防汛抗灾、长江航道水运安全、长江沿线地质灾害防御的需要,对长江沿岸分地段增补天气雷达,在长江沿岸复杂地形地貌区域增补 X 波段雷达、风廓线雷达组网观测,在长江航道及周边特殊地形区域加密地面自动观测,增补区域自动气象站,关键是应与水利、交通、自然资源部门共同申报国家建设项目,由气象部门统一组织实施长江沿岸气象监测系统建设。

二是自然资源、水利、气象和地震部门应共同推进长江经济带地质灾害监测系统建设。长江经济带地质条件复杂,活动断裂、岩溶塌陷、滑坡崩塌泥石流灾害、地面沉降等地质问题突出。调查表明，区域内主要活动断裂带94条，岩溶塌陷高易发区23.5万平方千米，滑坡崩塌泥石流灾害隐患点10.7万余处，地面沉降严重区约2万平方千米。国家应针对长江经济带地质灾害问题，加强城镇地质安全风险评价，科学规划城镇布局，加强地质问题监测预警与防控。这就必须加强长江经济带地质灾害监测系统建设，自然资源部、水利部、中国气象局和中国地震局应共同参与规划制定和组织系统建设工作，既不宜再由各部门自建自用，也不宜由一个部门完全统建统用，应在国家统一规划指导下，由自然资源部、水利部、中国气象局和中国地震局按照统一规划、分类设计、标准对接、分部门实施、各部门共享共用的思路建设。

三是林业草原、环境保护、气象部门应共同推进长江经济带生态监测系统建设。目前长江经济带湿地生态屏障初步形成，但是长期以来对河流、湖泊、滩涂等湿地的围垦占用，河湖阻隔，过度利用，致使生物多样性下降、功能退化等问题依然严重；维系长江流域水安全和生态功能的能力削弱，长江经济带湿地生态系统仍十分脆弱，在极端天气气候多发的情况下，长江流域依然面临着特大洪水的威胁，重点区域的湿地保护和退化湿地的修复任务还十分艰巨。因此，必须全面加强长江经济带生态监测系统建设。为避免出现部门重复建设和自建自用现象，国家林业和草原局、生态环境部、中国气象局应共同推进长江经济带生态监测系统建设，并按照统一规划、分类设计、标准对接、分部门实施、各部门共享共用的思路建设。

7.2.2 构建智慧型长江经济带气象预报预测系统

长江经济带气象保障的关键是气象预报预测要准确及时，要改变当前多部门保障、核心技术落后、服务水平不高的局面，中国气象局应发挥气象核心业务技术的主导作用，以无缝隙精准化为发展方向，以协同创新为主要方式，发展以智能为特征的业务支撑系统平台。

(1)着力增强区域高分辨率数值预报模拟能力。一是提高区域数值预报模式能力。针对长江流域及周边的地形陡峭、下垫面复杂、天气过程多变等特点，开展高分辨率数值模式的地形处理、物理过程、云与辐射、多种资料同化等关键技术研究，建立以华东区域中心高分辨率数值预报模式为主体，华中、西南区域中心共同参与研制的长江流域联合数值预报技术体系。建设水平分辨率5千米、重点区域1千米的区域模式及其集合预报的数值天气预报业务系统。建立覆盖黄海和东海、分辨率3～5千米的海洋气象数值天气模式和业务系统以及长江流域水文气象模拟系统；优化华东区域环境气象数值预报系统，开发建立适合于长江经济带区域和城市的能见度、雾霾、大气边界层、臭氧等环境气象数值预报系统。

二是集中气象部门力量研发长江经济带数值预报核心技术，支撑长江经济带区域数值预报业务向国家级和区域气象中心集约，强化国家级和区域间、各区域之间的技术研发协同，充分发挥上海、武汉、成都三个区域中心作用，支持三个区域中心针对长江上游、中游、下游发展区域气象数值预报,做到既有联合,又有侧重。

三是提升基于数值预报的应用技术。发展基于数字网格的精细化要素预报,形成空间分辨率1~3千米、时间分辨率3~12小时的格点要素预报。开展长江经济带暴雨、强对流、大风等灾害性天气与冰冻、干旱等气象灾害精细化预测预报技术的开发与研究,发展基于数字网格的灾害性天气落区预报业务系统。整合形成多源资料融合的高质量气候数据库,提高对副热带大气异常及极端天气气候事件监测的精细化程度。以高分辨率气候模式为核心技术手段,发展基于多模式的客观化气候预测技术。研发月内极端天气气候事件预测方法和模型,发展延伸期高影响事件预测技术,形成具有良好系统性和融合度,反应灵敏、运行高效的气候预测综合业务系统。

(2)国家级和省级同步、省级联合开展长江经济带无缝隙精准化气象预报预测业务,在强化精细化格点预报、灾害性天气短临预报、中短期预报、延伸期预报和气候预测业务向国家和省两级集中的同时,围绕长江经济带跨省域特征,国家级要协调各省建立长江经济带全区域无缝隙、精细化业务产品和产品共享系统平台,充分发挥长江流域气象中心作用,实现上下互通、左右联动、共建共享。

(3)融合行业业务,发展基于影响的预报和气象灾害风险预警业务,通过自上而下项目扶持或区域部门横向合作,推动长江经济带气象预报预测从提供沿江城市常规天气预报向提供长江黄金水道航运行程、长江港口调度、沿江湖库调度和长江沿线防灾减灾资源调配的气象向导转变,推动气象预警从长江沿线灾害性天气预警向沿江产业气象灾害风险预警转变。

(4)充分应用移动互联网、云计算、大数据处理和数据挖掘、机器智能学习、虚拟可视化等信息新技术,与传统预报技术相结合提升气象预报预测能力,支持信息化发展较好的省份与华为、阿里等公司开展技术合作,从应用气象大数据,完善或重构气象预报模型、指标阈值等预报理论,通过图像识别、聚类分析等大数据处理技术对预报理论进行数字化处理,并利用机器自学习技术的反馈优化形成全新智能气象预报系统,实现长江经济带气象服务能力赶超国际先进水平。同时,利用气象云与行业私有云、公共云的建设成果,构建可实时智能感知需求、行业影响全程预演、科学决策提供判别的长江经济带智慧气象预报预测业务系统。

7.2.3 提高长江经济带气象防灾减灾能力

(1)重点增强综合气象防灾减灾气象服务能力。一是加强多灾种影响预报产品研发,提升气象灾害风险预警能力。普查气象灾害风险源,研发主要气象灾害链递次传播模型;建立多部门协作的区域性气象巨灾风险评估方法和模型,研发灾前、灾中和灾后风险评估技术;建立以灾前监测预警,灾中应急响应和灾后风险评估等多部门联防联控为目标的气象巨灾风险评估平台,提供多灾种无缝隙影响预报产品。

二是健全气象灾害防御机制。完善"党委领导、政府主导、部门联动、社会参与"

的气象灾害应急响应机制。联合长江流域管理部门、各省(市)地方防灾责任部门,开展长江经济带气象灾害应急减灾工作。充分运用新媒体和自媒体,构建基于"互联网+"和"气象+"的气象防灾减灾服务新业态。

三是利用大数据提升气象服务智能化水平。基于区域高分辨率数值预报产品和集合预报产品,发展气象对各行业影响预报技术。基于"互联网+"和大数据技术,借助于云计算、移动互联网、智慧型服务等新型技术,开展多源数据融合应用研发,实现长江经济带全区域灾害性天气监测、预警、预报气象服务产品的高质量生成和快速发布与传播。

(2)成立国家级协调机构,对长江经济带气象保障行使气象行业管理职能。建立跨部门、跨区域的沟通协调机制,加强气象与水利、交通、环境保护、农业农村、林业草原、自然资源等行业部门协商合作机制,共同研究解决区域合作中的重大事项;以长江经济带气象保障为纽带,推进区域合作,建立灾害天气联防机制和区域防灾减灾、环境污染等的联防联控;加强相关部门间、气象行业内的合作与交流,促进经济带基础设施共建共享、气象信息资源的合理共享与充分利用;加强与国内外科研机构、高等院校的交流与合作,凝聚社会科技力量,建立关键技术合作攻关机制。

打破流域范围行政区划、行业的界限和壁垒,积极探索建立事权清晰、分工明确、行为规范、运转协调的机制,不断完善跨部门跨区域的协调机制,建立统一的长江经济带气象保障调机构,完善气象综合防灾减灾体系,提高气象保障的效率和效益。国务院或国务院有关部门应强化长江经济带气象保障服务主体,提出权力清单和责任清单,统筹提供气象保障服务,平衡各部门之间的利益关系,更好地服务于长江经济带发展。

(3)成立长江经济带气象保障协同发展领导小组。在中国气象局的直接领导下,成立长江经济带气象保障协同发展领导小组,加强对长江经济带气象保障工作的领导和指导,研究制定气象保障工程建设方案,统筹长江经济带气象灾害防御和气象服务工作。

按照全局一盘棋的要求,着力加强气象部门内综合协调,在新形势下,各区域气象中心应重新定位和界定,不断完善管理体制和运行机制,加大工作落实力度,强化工作执行力,确保气象部门内各项工作有序有效推进。强化政策法规建设,加强协调管理。建立健全长江经济带气象保障服务政策法规及标准体系;建立长江气象服务白皮书制度。

7.2.4 多部门共同推进长江经济带生态保护工程

(1)提升绿色生态廊道气象保障能力。长江经济带是我国重要的生态屏障。坚持绿色发展、顺应自然、保育生态,加强沿江绿色生态廊道气象监测、生态影响和效益评估、生态系统修复和生态应急服务,配合流域环境综合治理,显著改善沿江生态环境。

一是加强沿江绿色生态廊道气象监测服务。以"一江清水"、川滇高原、秦巴山—武陵山、大别山—罗霄山、皖南—浙西南等生态功能区保护和建设为重点,在现有气象与生态观测基础上,重点在长江经济带典型生态系统(农田、森林、草原、湖泊)和典型生态保护区内,加强生态气象及生态气象灾害自动观测,以及生态系统实景监测,提升生态气象地面监测服务能力。利用静止、极轨和资源卫星等开展农田、草原、森林、湖泊(水体)、城市等典型生态系统监测;针对重点生态区域典型生态系统开展航空遥感监测,提升生态气象遥感监测服务能力。利用人工影响天气飞机和无人机高度灵活的特性,形成基于航空遥感的生态灾害监测能力,提升生态气象应急监测服务能力。

二是加强沿江绿色生态廊道影响和效益评估服务。开展干旱、洪涝、火灾、大风、沙尘、低温冰冻(雪)等气象灾害对水体、近海、城市和旅游区等自然和人为生态系统的影响评估,提升气象灾害对生态系统的影响评估能力。研究人类活动对不同生态系统和水资源影响的分析方法,建立和完善气候要素对不同生态系统格局、功能影响的模型,提升气候变化对生态建设的影响评估能力。建立生态工程效益气候评估指标体系和模型,开展多层次、多因素、多方法的生态工程气候效益综合评估,提升生态工程气候效益评估能力。

三是加强沿江绿色生态廊道生态系统修复和生态应急服务。围绕长江经济带生态保护、生态修复重点工程和发展规划,发展基于气候容量分析方法的气候可行性论证与评价业务体系,提升生态建设气候可行性论证能力。依托人工影响天气作业基地,加强飞机和地面作业实施能力,提升沿江绿色生态走廊生态服务型人工影响天气能力。

四是在国家层面,要切实发挥国家长江经济带发展领导小组办公室的协调作用,建立流域生态一体化监测、评价和执法体系。坚持流域生态系统的整体治理,狠抓上中下游、重点地区、重点项目、重大制度体系筹协调和创新。建立上下游之间的水生态相互补偿机制,干流水体污染,上游地区对下游地区进行补偿,反之,干流水体达标,下游地区对上游地区进行补偿。

在部门层面,要加强各部门之间的协作。建立林业草原、环境保护、自然资源、气象等国家相关部门参与的长江经济带生态保护协调委员会,整合部门和流域各省(市)生态监测数据,建立监测信息共享机制,定期不定期召开会议,研究和解决长江生态保护与黄金水道建设的重大问题及难点、热点和焦点问题,督促各省(市)采取有效的措施,明确责任,形成合力,有效推动流域生态环境修复和保护。

在省际层面,要坚持把保护和修复长江生态环境摆在首要位置,形成国家协调、各省(市)落实、多方参与的流域生态共治体系。各省(市)应加强协调联动,强化水生态、湿地生态、植被生态、气候生态的四位一体推进。以水生态治理为重点,加强沿江化工企业污染、船舶污染、干流近岸水域及湖库生态治理与生态保护措施的督查督办,为加快长江经济带绿色生态廊道建设做出各省(市)应有的贡献。

7.2.5 气象保障服务应主动融入长江经济带发展战略

(1)主动融入"数字长江"。组织研究开发长江港口、码头、建设、运营等气象服务指标体系,主动为长江经济带航运中心、物流中心以及港口、码头等新建项目提供气候可行性论证;组织开展长江航道、大型湖泊气象灾害普查,建立长江航道气象灾害风险区划,构建航道安全运行风险预警指标体系;组织开展基于风险等级的长江航道气象预警业务,提升黄金水道的气象保障能力。

(2)主动融入长江经济带大交通服务系统。与长江航道、海事、公路、铁路、民航等部门和行业合作,建设和完善长江经济带综合立体交通气象监测网,开发基于全流域高分辨率数值预报模式的交通气象服务产品,建立长江综合立体交通气象保障智能化信息系统,推进依托黄金水道的综合立体交通走廊气象保障服务。

(3)融入黄金水道的气象保障能力。结合干线航道整治、深水航道建设、深水航道减淤和支线航道整治、升级改造等工程的施工需要,开展航道施工安全及运输安全气象保障服务。为长江经济带航运中心、物流中心以及港口、码头等新建项目提供气候可行性论证服务。调查港口、码头建设和运营需求,建立气象服务指标体系,开展港口、码头等建设和运营气象保障服务。开展长江航道、大型湖泊气象灾害普查,建立长江航道气象灾害风险区划;构建航道安全运行风险预警指标体系,开展基于风险等级的长江航道气象预警业务,融入"数字长江",提升黄金水道的气象保障能力。

(4)融入交通行业,提升综合立体交通气象保障能力。加强与公路、铁路、民航等部门和行业合作,开展基于区域高分辨率数值预报的综合立体交通气象应用技术研究,开发长江经济带沿线精细化预报产品。开展铁路规划建设的气候可行性论证。开展公路、铁路沿线气象灾害精细化普查与风险区划,建立沿线灾害性天气预报预警指标体系,发展基于风险等级的公路、铁路气象预警业务,为高速公路、国省干线公路、县乡公路等公路路网建设、沿江高铁建设、普铁干线改扩建及公路、铁路安全运输提供气象保障服务。开发航空线路高精准的气象保障服务产品,提升航空气象保障能力。建立上海、南京、武汉等综合交通枢纽的高影响天气预报预警指标体系,开展综合交通枢纽气象保障服务。

(5)融入城市智能交通和物流,提升城市交通物流气象保障能力。建设城市、城际交通和物流气象服务系统,加强与城市交通、公安等部门的合作,完善城市、城际交通信息与气象信息共享机制,实时发布道路交通气象预测预警信息,提升城市、城际交通气象保障服务能力。

(6)联合开展科学试验,促进气象科技融合。联合开展青藏高原大气科学综合观测试验、长江中下游灾害性天气联合观测试验、沿江高影响天气加强观测试验等专项试验,形成包含常规气象观测、不同下垫面能量物质交换观测、大气三维结构和物理性质观测以及大气水汽廓线、风廓线观测等特殊观测资料的综合观测数据集。利用综合观测数据集,开展综合观测资料的融合应用和再分析研究;探讨长江流域及周边区域的气候变化、热源关键区、强信号区、系统活动源地和移动路径、水汽输送通道等重要特征,为长江流域灾害性天气监测站网布局、预报业务、数值模式等提供基础支撑。

7.2.6 组建覆盖长江经济带多个专业气象服务中心

(1)建设长江经济带气象联合创新中心。以上海台风研究所、武汉暴雨研究所、成都高原研究所为基础,强化长江经济带气象科技创新体系建设。依托上海建设具有全球影响力的科技创新中心的政策优势,联合国家级研究所以及流域内其他气象科研业务机构、国内外高等院校、科研院所,建设国家级长江经济带气象联合创新中心。与长江经济带各省(市)以及水利部长江水利委员会、太湖流域委员会、交通运输部长江航务管理局、农业农村部长江流域渔政监督管理办公室,以及环境保护部华东、华南、西南环境保护督查中心等机构和部门合作建立长江经济带气象"众创联盟",推动气象保障核心技术研发、新型产品、新型服务模式的探索。围绕解决影响长江经济带水陆交通安全、重大水利能源工程安全、区域自然资源开发与保护、生态环境保护与恢复等方面的科学技术问题,联合开展长江经济带气象保障核心技术的研发、技术转移、成果推广应用等工作,努力在重要领域和关键环节取得新突破。建立长江经济带气象创新"孵化器"。建立长江流域气象知识产权交易平台,健全各项综合配套改革制度,构建孵化培育、创新转化、应用见效、人才激励为一体的长江流域气象创新体系,打造长江经济带气象创新"试验区"。

(2)在武汉设立长江气象研究院。与流域各省(市)气象科研机构形成合作互补研究机制。主要围绕国家长江经济带发展和生态文明建设战略需求,加强长江气象学科建设,在长江精细化预报服务、长江气候与生态发展、长江气候水资源、长江气候评价等方面开展应用研究和应用技术研发,为长江产业布局和产业发展提供气候评估依据,为提升长江气象防灾减灾能力、生态文明气象保障能力和应对气候变化能力等提供科技支撑。长江气象研究院起步阶段可与武汉区域气候中心合署办公,逐步发展长江全流域气候研究业务。

(3)依托南京公路交通气象服务中心,鼓励采用准市场机制建立纵贯长江的沪蓉高速公路气象服务中心,或者分上中下游建立高速公路气象服务中心,突破地域限制。具体可以长江航运服务和交通气象服务优势省(市)气象部门为依托,建立全流域、全覆盖、一部门式的流域综合立体交通气象服务中心。按照综合协调,分工负责的原则,依托湖北、重庆气象部门提供长江航道水运、码头安全气象保障;依托江苏气象部门提供公路和铁路气象保障;依托上海气象部门提供航空、近海及远洋导航气象服务。面向长江综合立体交通服务需求,引入市场机制,探索新型运行管理模式。以实现全覆盖、全天候水上安全应急保障气象服务为目标,融入"数字长江",对接"海上丝绸之路",提高综合交通气象保障能力。以全方位服务长江经济带公路、铁路、航空等综合立体交通走廊为目标,实现与运输信息系统互联互通,建设综合立体交通与物流气象服务信息平台。

(4)建设流域气象、生态和城市群气象等专业服务中心。加强长江流域气象中心建设,提高水文气象服务能力。依托现有优势的省(市),逐步建立面向长江经济带全流域的专业气象服务中心,四川、重庆加强以三峡库区地质灾害防御为重点的流域地质灾害气象预报预警服务体系建设,以四川或重庆为主组建长江经济带地质灾害气象服务中心;江西、湖南、安徽加强绿色生态廊道气象保障体系建设,以湖南或江西为主组建长江经济带生态气象服务中心;上海、浙江以长三角环境气象预报预警中心为载体,加强环境气象预报预警服务体系建设,以依托上海气象服务中心,为长江下游省(市)提供航空、近海及远洋导航气象服务;湖南加强特色农业气象服务体系建设。培育有工作基础的省(市),牵头承担全流域有针对性的旅游气象服务、能源气象服务等专项气象服务。以长江流域气象中心为主,建立长江水道航运气象服务中心,在宜昌组建长江水电气象服务中心。根据各省(市)气象部门的优势,鼓励成立覆盖长江经济带的其他专业气象服务中心,也可以鼓励民营或其他经济组织成立相应专业气象服务中心。

7.2.7 围绕长江经济带产业转型发展提供气象保障

围绕长江经济带产业转型发展,开展现代农业和特色农业气象保障、旅游气象保障、绿色能源产业气象保障服务。

(1)提升现代农业和特色农业气象保障能力。开展长江经济带农、林、牧、渔业精细化农业生态气候区划,优化地(市)、县(区)、乡(镇)农业产业带布局,开展新品种引进、种植基地建设、种植制度调整、栽培措施选择、灾害防御措施实施、灾害风险性分析、气候年景分析评价、农产品地理气候认证等气象保障服务;长江上游地区以川西高原、云贵高原为中心向外辐射,加强高原特色农、牧业气象保障,建设小气候观测站,开展高原特色农业、牧业、少数民族休闲农业气候监测、评估服务;长江中游地区以成都平原、两湖平原为主,开展水稻、棉花、油菜等主要农作物生产及淡水养殖气象保障服务,加强农业试验站建设,拓展其功能,发挥农业试验站的科技支持作用,为农业经济转型提供气候可行性论证服务;长江下游地区都市农业生产区,建设都市农业气象试验基地,开展精品农业气象试验,为都市农业提供气象科技保障。

(2)提高旅游气象保障水平。开展长江经济带重点旅游景区气候资源和气象灾害风险普查、区划和评估,制定气候资源和气象灾害风险目录、区划图并开展分析评估;建设景区旅游气象观测系统,提高景区暴雨、强对流、雾/霾等气象灾害的监测预报预警准确率;开展景区旅游景观预报和旅游气象指数预报,提供个性化、精准化的旅游气象服务产品。

(3)强化绿色能源产业气象保障。开展水电综合开发的气候可行性论证;研发水电站发电量和水电站运行安全保障的气象服务技术。开展长江中上游水电基地向中下游及华南地区输电通道的电线覆冰、大风、雷电等气象灾害区划,设计开发基于气象灾害区划的长距离输电线路辅助设计系统。建立油气管网高影响天气预报预警指标体系,在管网中继站(点)开展雷电防御服务,提高对油气管网的气象保障能力。推进和细化长江经济带风能基地风资源评估和风功率精细化预报服务。开展资源富集区太阳能资源普查工作,强化太阳能发电量预测服务和分布式太阳能发电设施的气象灾害防御服务。

(4)增强新型城镇化气象保障能力。围绕长江经济带推进以人为核心的新型城镇化,优化城镇化布局和形态,转变发展方式,提升新型城镇化气象保障能力,增强城市可持续发展能力。

一是优化布局,为促进城市群协调发展提供气象保障。分析影响长江经济带区域发展的气候资源限制因素、气候资源承载力波动、气候变化对城市综合承载力的影响等,科学界定区域气候容量,开展城市综合承载能力分析评估。关注气候变化对城市基础设施、能源供应、航运交通等敏感行业影响以及极端天气气候事件对人体健康的影响等,增强城市生命线系统和城市生态环境对气象灾害和气候变化的抵御能力,加强城市应对气候变化工作。

二是为促进新城镇全面发展提供气象保障。围绕绿色发展,建立新型城镇化气候可行性论证服务体系。衔接相关部门制定气候可行性论证服务规范,开展区域性经济开发、重大工程建设和城市规划布局等方面的气候可行性论证。围绕和谐民生,完善城市公共气象服务体系。开展不同城市气象灾害精细化预报预警与城市公众、部门和行业的敏感度研究,建设城市气象灾害精细化服务系统;加强气象与水、电等城市生命线及交通、农业等部门的信息共享、天气会商和服务联动,完善预报预警服务与信息共享机制;加快长三角环境气象预报预警中心建设,推进区域和城市空气质量预报,花粉、紫外线和健康气象预报;推进城镇重大活动气象保障服务的常态化,完善重大活动气象服务管理运行体系和业务服务体系。围绕平安城镇,建立城市防灾服务体系。以台风、暴雨等气象灾害为重点,建立洪涝灾害风险地图系统和影响预报及风险预警业务系统,提供准确可靠的城市内涝模拟,建立新型城镇化"网格化管理、直通式服务、针对性响应"的暴雨洪涝灾害预警联动响应体系和城市内涝防御气象保障体系。

(5)创新气象保障协同发展体制机制。优化功能布局、创新体制机制,促进长江经济带气象保障协同发展。以长江经济带"气象+"大数据众创平台为基础、专业服务中心为主体、一体化业务机制和社会化市场机制为支撑,构建服务链条完整、社会多元参与、众创活力迸发的全流域一体化气象协同服务体系。

一是夯实"众创平台"。建设长江经济带"气象+"大数据众创平台。引入社会化众筹机制。吸引长江经济带各省(市)气象及相关部门、服务企业和其他社会利益相关方,通过投资、数据和技术入股等方式,按照"共同投入、联合共建、协同创新、产权交易、利益共享"的原则,共同建立以气象为主,囊括长江立体交通、生态、旅游等相关行业数据的"气象+"大数据众创平台。引入"互联网+"众创模式,鼓励气象服务"供给侧"和"需求侧"基于平台的数据应用协同创新,形成各类新型服务产品。通过政府购买服务、知识产权交易、市场利益分享、风险投资回报等方式,提高气象大数据服务于长江经济带发展的市场价值和社会效益。纳入全国气象信息平台统一布局。强化"气象+"大数据众创平台的多元数据存储、分析、处理、应用功能,提高长江流域气象数据资源的服务能力。综合应用云计算、大数据、移动互联、物联网、智慧气象等现代信息技术,在国家级气象信息平台基础上,优化整合气象和行业信息资源,统一数据标准,按照"集中部署、多级应用、实时服务"的功能布局,构建集约化、标准化的气象与行业信息共享服务系统,实现与长江经济带智能服务和安全保障系统互联互通,为提高长江经济带气象服务升级奠定数据基础。

二是探索"协同机制"。建立一体化气象业务协同机制,强化气象服务主业。按照"适应需求、快速响应、集约高效"的要求,体现优势互补、协同互动、示范带动,建立新型的气象保障业务体制。以"专业化"为特色构建气象保障组织机构。着力核心业务技术发展,打破区域和属地限制,建立顺畅高效、适应市场竞争和一体化发展的内运行机制。以"集约化"为特点重构气象保障服务业务布局。在现有观测系统基础上强化针对全流域气象保障服务需求的观测系统的统筹布局、优化和完善;基于云架构和统一的全国综合气象信息共享平台(CIMISS)数据环境,集成通用气象算法和气象可视化、智能化技术,构建长江经济带气象保障信息共享平台;以华东区域中心高分辨率数值预报为主,吸收华中、西南区域中心优势,形成区域布局的数值预报模式系统;在气象信息综合分析处理系统(MICAPS)框架下集成长江经济带各省(市)天气监测分析、短临预警、中短期预报和专业预报业务模块及长江经济带各省地县一体化预报预警业务模块;在气候信息交互显示与分析平台(CIPAS)框架下集成各类气候监测预测业务模块。

针对交通(公路、铁路、航运、民航)、环境保护、旅游、自然资源等各行业,依托各省(市)优势发展各具特色的应用服务产品。打破面向企业的有偿性专业气象服务区域限制,按照有序竞争的原则,构建流域各省(市)气象保障服务合作互利机制。以"一体化"为特征重构气象服务业务流程。以全流域、全服务、全覆盖、一部门式为目标,建立信息资源高度共享、业务流程高度集约、满足多种服务渠道需求的一体化业务流程。实现各种气象服务资源的有效整合,实现信息内容、技术应用、平台终端、人才队伍共享共融共通,建立信息资源高度共享、业务流程高度集约、满足多种服务渠道需求的一体化信息采集、产品加工、信息传播、互动参与平台的业务组织方式。

三是建立社会化气象服务协同机制,激活气象服务市场。推动建立长江经济带气象部门、气象行业等的长江经济带气象服务发展。设立综合交通气象服务中心,按照"事企共担、分工合理、权属清晰、分类管理、协调发展"的要求,建立社会化气象服务市场协同机制。在部门内合理界定气象服务事业单位和国有气象服务企业气象服务范围,建立健全事业与企业以固定资产、资金、技术、信息等资本为纽带的事企协同发展机制。促进气象与各行业的协作,建立相互依存、良性互动、协调发展的行业协同发展机制。完善鼓励民营资本进入长江经济带气象服务市场的配套政策,建立健全混合所有制气象服务企业发展机制。探索引入公私合作模式(PPP)提高气象业务服务能力。探索建立新模式,实现多渠道、多元化的专业气象保障服务新格局,促进气象服务业的发展。

参考文献

长江年鉴编纂委员会,2016.长江年鉴(2016年卷)[J].武汉:水利部长江水利委员会宣传出版中心长江年鉴社.

长江年鉴编纂委员会,2017.长江年鉴(2017年卷)[J].武汉:水利部长江水利委员会宣传出版中心长江年鉴社.

成超,张戎,诸立超,2016.铁路货运服务长江经济带的挑战与机遇[J].综合运输,38(9):11-15.

曹新,2016.为何长江经济带不搞大开发[N].中国青年报,2016-04-18.

崔鹏,王道杰,范建容,等,2008.长江上游及西南诸河区水土流失现状与综合治理对策[J].中国水土保持科学,6(1):43-50.

崔讲学,2011.湖北省天气预报手册——暴雨预报[M].北京:气象出版社.

崔丽媛,2014.发展长江经济带,打造龙之"脊梁"[J].交通建设与管理(10):68-71.

程庚福,曾申江,1987.湖南天气及其预报[M].北京:气象出版社.

杜耘,2016.保护长江生态环境,统筹流域绿色发展[J].长江流域资源与环境,25(2):171-179.

冯蕾,2016.长江经济带着力打造"一道两廊三群"[N].光明日报,2016-02-18(07).

国家林业局,2012.石漠化严重影响长江珠江流域生态安全[EB/OL].(2012-06-14)[2019-05-03].中国新闻网.

国家统计局,2019.中国统计年鉴(2019)[M].北京:中国统计出版社.

赫罗莫夫,1960.天气学原理[M].黄士松等译.北京:人民教育出版社.

交通运输部,2015.长江经济带交通走廊建设在有序推进[EB/OL].中国新闻网,2015-07-16.

姜加虎,黄群,孙占东,等,2006.长江流域湖泊湿地生态环境状况分析[J].生态环境,15(2):424-429.

矫梅燕,2015.中国气象年鉴(2015)[J].北京:气象出版社.

矫梅燕,2016.中国气象年鉴(2016)[J].北京:气象出版社.

李干杰,2016.坚持走生态优先、绿色发展之路,扎实推进长江经济带生态环境保护工作[J].环境保护,44(11):7-13.

李恒鑫,2015.长江经济带中长期铁路网规划方案研究[J].铁道运输与经济,37(5):9-14.

罗小勇,李斐,张季,等,2011.长江流域水生态环境现状及保护修复对策[J].人民长江,42(2):45-47.

梁川,赵莉花,张博雄,2013.长江江源高寒地区气候变化对水文环境影响研究综述[J].南水北调与水利科技(1):81-86.

雷海,2011.世界内河航运现状及中国发展力度[C].2011年苏闽浙沪航海学会学术研讨会论文集.上海.

廖文根,2015.保护长江湿地 拯救生态命脉[N].人民日报,2015-05-27(19).

廖纯艳,2008.长江流域水土流失及防治对策[EB/OL].http://www.sina.com.cn,2008-03-18.

马志刚,张双,熊丽,2016.古老母亲河谱写新篇章——党的十八大以来我国推进长江经济带绿色发展建设纪实[N].人民日报,2016-02-18(01).
孟鑫,2015.长江经济带航运物流产业发展的现状与对策[J].现代商业(20):95-96.
苗茜,黄玫,2009.气候变化对长江流域陆地生态系统的影响研究[C].中国地理学会百年庆典学术论文摘要集.北京:中国地理学会.
潘少军,2012.石漠化扩展趋势发生逆转[N].人民日报,2012-06-15(09).
孙鸿烈,2010.我国水土流失问题及防治对策[EB/OL].中国人大网,2010-10-29.
苏晶,2015.民航服务长江经济带:增强区域辐射 促进经济转型[EB/OL].中国交通新闻网,2015-03-09.
汤莉,汪斐然,2017.长江经济带战略视野下江苏经济发展研究[J].统计科学与实践(9):15-18.
卫庶,2012.长江源头出现土地荒漠化等四大生态问题[N].人民日报,2012-1-3.
王越,范北林,丁艳荣,等,2011.长江中下游湿地生态修复现状与探讨[J].中国水利(13):4-6.
王娇娥,金凤君,孙炜,等,2006.中国机场体系的空间格局及其服务水平[J].地理学报,61(8):829-838.
王凌云,2017.长江综合立体交通走廊建设进入关键期[J].中国港口(5):7-10.
王海伟,2014.长江流域水资源综合管理探讨[J].人民长江,45(23):1-5.
王海燕,田刚,王继竹,等,2018.长江黄金水道交通气象服务的现状与展望[J].气象科技进展,8(4):116-119.
吴威,曹有挥,梁双波,等,2018.长江经济带航空运输发展格局及对策建议[J].经济地理,38(2):98-103.
魏本貌,2016.南昌武汉长沙合肥瞄准交通一体化 合力激活水陆空大通道[EB/OL].人民网,2016-03-01.
肖义,郑庄,陶雷,等,2012.浅析长江流域湖泊水资源及其保护对策[J].人民长江,43(S2):164-166.
肖珂,崔讲学,2014.三峡工程水库调度关键期流域气候特征及预测方法[M].北京:气象出版社.
肖金成,刘通,2017.长江经济带:实现生态优先绿色发展的战略对策[J].西部论坛,27(1):39-42.
谢影,张金池,2002.黄河、长江流域水土流失现状及森林植被保护对策[J].南京林业大学学报(自然科学版),26(6):88-92.
新华社,2016a.习近平在推动长江经济带发展座谈会上强调走生态优先绿色发展之路让中华民族母亲河永葆生机活力[EB/OL].新华网,2016-01-07.
新华社,2016b.长江经济带引领中国发展新航向[N].湖北日报,2016-09-12(03).
新华社,2018.习近平主持召开深入推动长江经济带发展座谈会并发表重要讲话[EB/OL].新华网,2018-04-26.
于新文,2019.中国气象发展报告(2019)[M].北京:气象出版社.
叶晓楠,2009.水土流失知多少[N].人民日报海外版,2009-03-21(03).
杨高升,谢秋皓,2019.长江经济带绿色水资源效率时空分异研究——基于SE-SBM与ML指数法[J].长江流域资源与环境,28(2):349-358.
杨军,咸迪,唐世浩,2018.风云系列气象卫星最新进展及应用[J].卫星应用,(11):8-11.
杨希伟,熊金超,2002.四大问题影响长江水质[EB/OL].(2002-12-22)[2018-05-03].人民网.

杨亚非,杨国胜,雷明军,2016a.长江流域科学谋划一江清水永续利用[N].人民长江报,2016-06-13.

杨亚非,杨国胜,雷明军,2016b.长江流域拟全面构建水土流失防治体系[N].人民长江报,2016-06-12.

中国气象局风能太阳能资源中心,中国气象服务协会,2019.2018年中国风能太阳能资源年景公报[Z].2019-01-21.

专家预测未来20年内长江流域将进入干旱期[N].江南时报,2001-05-22(1).

中国气象局,2014.2013年中国气候公报[Z].2014-01-14.

中国气象局,2015.2014年中国气候公报[Z].2015-01-09.

中国气象局计划财务司,2014.气象统计年鉴(2013)[M].北京:气象出版社.

中国气象局计划财务司,2017.气象统计年鉴(2015)[M].北京:气象出版社.

中国气象局计划财务司,2018a.气象统计年鉴(2016)[M].北京:气象出版社.

中国气象局计划财务司,2018b.气象统计年鉴(2017)[M].北京:气象出版社.

中国气象局计划财务司,2019.气象统计年鉴(2018)[M].北京:气象出版社.

中国气象局现代化办公室,2018.气象现代化原始数据汇总[DS].2018-12-31.

张有芷,1986.长江流域大气水汽输送[J].地理学报,53(3):274-280.

张志峰,2010.长江委主任蔡其华:万里长江保持优良生态[EB/OL].人民网,2010-02-22.

朱俊君,2019.长江流域水工程联合调度综合效益显著[N].人民长江报,2019-10-21.

图 1.1 长江经济带地理位置示意图
(来源:中国政府网,2018)

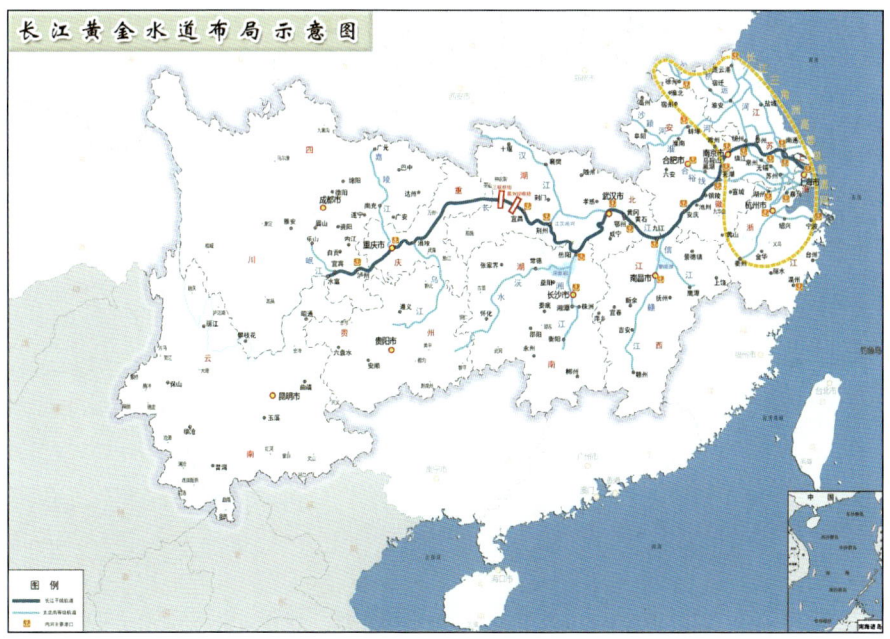

图 2.1 长江黄金水道布局示意图
(来源:中国政府网,2018-07-18)

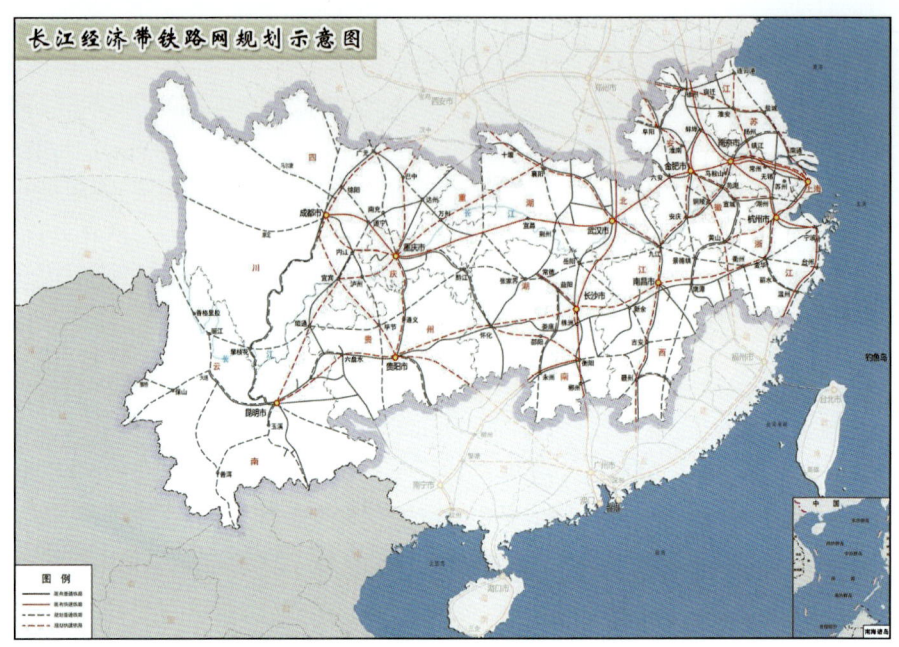

图 2.2 长江经济带铁路网规划示意图
(来源:中国政府网,2018-07-18)

图 2.3 长江经济带国家高速公路网布局示意图
(来源:中国政府网,2018-07-18)

图 2.4 长江经济带机场规划示意图

(来源:中国政府网,2018-07-18)

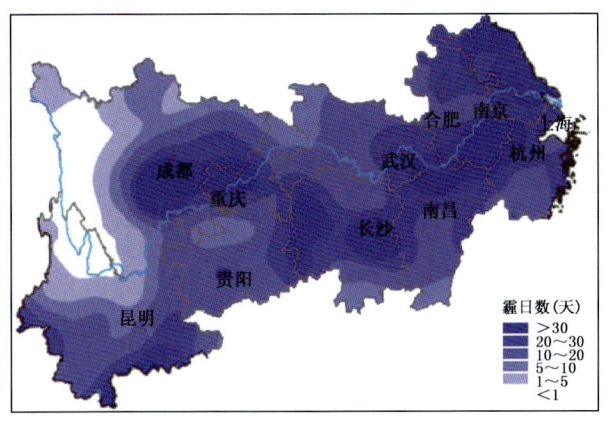

图 3.16 2013 年长江经济带霾日数分布图

图 4.1　长江水系图
（来源：百度百科）

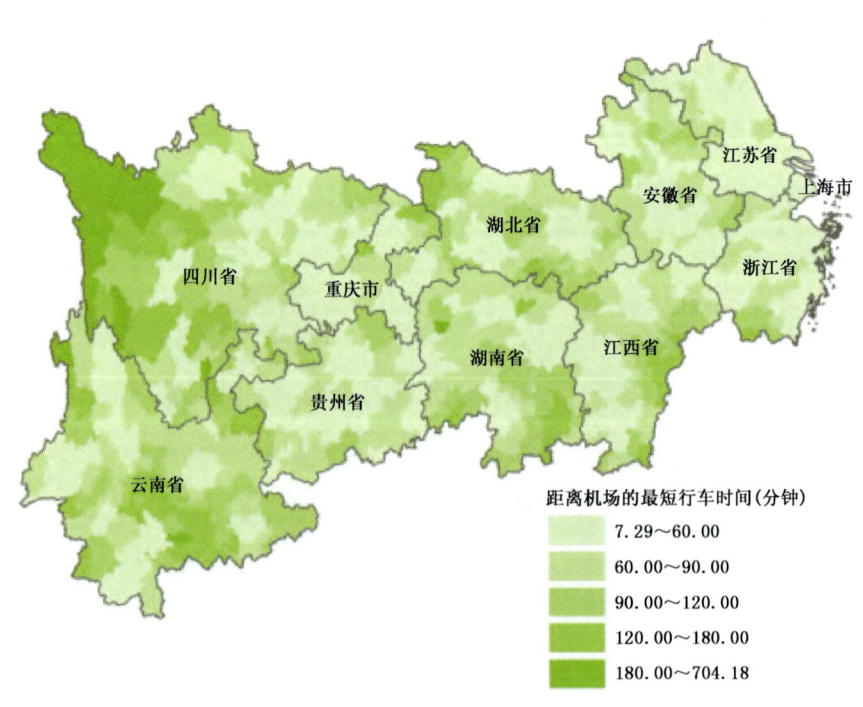

图 4.3　长江经济带机场可达性格局图